烽火岁月：辽宋至清战争

王渝生　主编

中国大百科全书出版社

图书在版编目（CIP）数据

烽火岁月：辽宋至清战争 / 王渝生主编 . -- 北京：
中国大百科全书出版社，2025. 1. -- ISBN 978-7-5202
-1758-3

Ⅰ . E291-49

中国国家版本馆 CIP 数据核字第 2025TV4585 号

出　版　人：刘祚臣
责任编辑：程忆涵
责任校对：杜晓冉
责任印制：李宝丰
出　　　版：中国大百科全书出版社
地　　　址：北京市西城区阜成门北大街 17 号
网　　　址：http://www.ecph.com.cn
电　　　话：010-88390718
图文制作：北京杰瑞腾达科技发展有限公司
印　　　刷：唐山富达印务有限公司
字　　　数：100 千字
印　　　张：8
开　　　本：710 毫米 ×1000 毫米　　1/16
版　　　次：2025 年 1 月第 1 版
印　　　次：2025 年 1 月第 1 次印刷
书　　　号：978-7-5202-1758-3
定　　　价：48. 00 元

编委会

主　编：王渝生

编　委：（按姓氏音序排列）

程忆涵　杜晓冉　胡春玲　黄佳辉

刘敬微　王　宇　余　会　张恒丽

目录

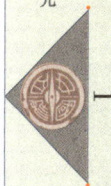

第一章 辽宋金元

[一、宋攻灭南汉之战]

北宋初年，宋太祖赵匡胤遣军攻灭割据今广东、广西地区的南汉政权的作战。

赵匡胤夺取后周政权、建立宋王朝后，为了实现统一，于乾德元年（963）至三年，先后灭亡荆南、湖南、后蜀。开宝三年（970）九月，他按照先南后北的作战方略，派贺州道行营诸军都部署潘美、副都部署尹崇珂率潭（今长沙）、朗（今湖南常德）等十州兵进攻南汉。宋军由潭州出发，首先占领白霞（今广西钟山西），进而包围贺州（今广西贺县东南）。南汉主刘鋹昏愚，对北宋的进

宋太祖赵匡胤

攻缺乏准备，突闻贺州被围，急派将领伍彦柔率兵万余，乘船沿临贺水（今贺江）

宋太祖赵匡胤黄袍加身的陈桥驿旧址

北上救援。潘美探知，令宋军佯退 20 里，设伏于南乡（今贺县南）。南汉军夜泊南乡，拂晓登岸，遭宋伏兵突袭，死亡过半，主将伍彦柔被杀，贺州守军遂降。潘美声言顺流趋南汉都城广州。刘鋹又派马步军都统潘崇彻率兵 3 万进驻贺水一带（今贺县城东北），威胁宋军后路。潘美转军东进，克连州（今广东连县）。十二月，攻克广州的北部门户韶州（今广东韶关），以强弩破都统李承渥设置的象阵，击败南汉军主力 10 余万众，顺溱水（今北江）南下，进攻广州。四年正月，宋军连克英（今广东英德）、雄（今广东南雄）二州，潘崇彻降宋。刘鋹派本非将才的郭崇岳为招讨使与大将植廷晓统兵 6 万以抗宋军。二月，宋军进至广州城西之双女山。潘美见南汉营编竹木为栅，乘夜实施火攻，南汉军大败，植廷晓、郭崇岳先后战死。刘鋹被迫出降，南汉遂亡。

广西贺州昭平县黄姚古镇

［二、宋攻灭南唐之战］

宋开宝七年（974）至八年，宋太祖赵匡胤遣军攻灭割据江南地区的南唐的作战。

宋灭南汉后，南唐后主李煜惧宋军进攻，主动向宋行藩臣之礼，企图继续维持其统治，暗中却缮甲募兵，积极备战。开宝七年九月，宋以李煜拒命来朝为由，发大军十数万，战船数千只，分兵进攻南唐。赵匡胤命曹彬为昇州西南面行营都部署，与都监潘美率水陆军主力10万，由江陵（今属湖北）沿江向东进攻；命吴越王钱

李煜

俶为昇州东南面行营招抚制置使，派丁德裕为先锋并监其军，率吴越军数万由杭州向北进攻；命王明为池州至岳州江路巡检战櫂都部署，钳制湖口（今属江西）东西地区之南唐军，保障主力东进。十月十八，曹彬率军顺江东下，直趋池州（今安徽贵池）。南唐军开始以为宋军例行巡边，未加防范，继见宋军大至，乃弃城逃跑。宋军乘势千里长驱，连克峡口寨（今贵池西南）至当涂（今属安徽）沿江州县。闰十月二十三，宋军占领要隘采石（今安徽马鞍山西南），击败南唐军两万。宋军在采石跨江架设浮桥，保障后续部队南下，并分兵南攻溧水（今属江苏）、宣州（今安徽宣城）等地。李煜闻讯，以为江宽水急，造浮桥古无先例，只派郑彦华、杜真分率水陆军各1万逆流反击，被宋军各个击破。至次年二月，王明军克鄂州（今武昌）。曹彬军攻克溧水、宣州后，对南唐都城江宁（今南京），发起进攻。南唐军10万阵于城下，企图依托秦淮水背城一战。宋军船只未到，潘美为不失战机，率部强涉秦淮河，大军随进，斩俘南唐军1万多。余部退入城中。四月，吴越军占常州（今属江苏）。

战初，李煜本以为坚壁固垒，可以使宋军疲惫而退师，遂委兵权于神卫统军都指挥使皇甫继勋，每日于后苑谈经讲易，不问政事。五月，偶出巡城，见宋军列栅城下，旌旗遍野，方知为左右所蔽，激怒之下，杀皇甫继勋，并遣使召神卫

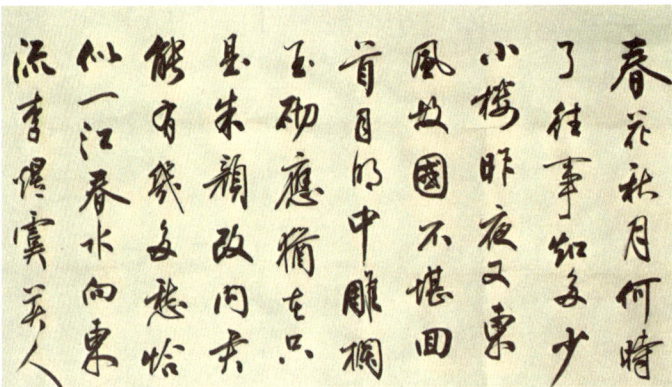

李煜《虞美人》

军都虞候朱令赟率上江（即湖口以西地区）军入援。朱令赟怕王明军乘其后，不敢轻进。九月，吴越军克润州（今江苏镇江），江宁陷入重围。李煜一方面遣使赴宋请求缓兵，一方面严令催促朱令赟来援。十月十九，朱令赟率军号 15 万，分乘巨筏自湖口顺江东下，直扑采石，企图解江宁围。宋太祖密令王明于独树口沙洲（今安徽安庆附近）多树长木伪为帆樯，朱令赟疑为伏兵，领军进皖口（今安庆西南），遭宋军伏击，大败，朱令赟被俘，余众退走湖口，被王明军消灭。江宁孤城无援，陷入绝境。李煜再遣使赴宋请求缓兵，宋太祖以"天下一家，卧榻之侧岂容他人鼾睡"为词拒绝。宋军打援获胜，随即由三面攻江宁，十一月二十七破城，李煜率臣僚出降，南唐亡。

宋攻灭南唐之战，是一次较大规模的水陆配合作战行动。宋军在长江下游成功地架设浮桥，在中国古代战争史上是一个创举。

[三、宋攻灭北汉之战]

宋太平兴国四年（979），宋军攻灭割据山西中部北汉的作战。

赵匡胤建立宋朝后，曾多次攻北汉，均因受辽援军的遏制，未达到目的。赵光义（即宋太宗）继位后，制定了分割包围、先打辽援、后攻太原的方略，并组建了能发射砲石的飞山军用以攻城。经两年多的充分准备，于太平兴国四年正月，再次出兵攻北汉。命潘美为北路都招讨制置使，率主力先发，四面包围太原；命郭进为石岭关都部署，阻击从北面增援的辽军；命孟玄喆为镇州驻泊兵马都钤辖，阻击从东面增援的辽军；令解晖、齐廷琛、王僎、王贵、折御卿等将分兵包围隆州（今山西祁县东）、盂县（今属山西）、汾州（今山西汾阳）、沁州（今山西沁县）、岚州（今山西岚县北）等地，割裂北汉军的部署。十五日，宋军主力由镇州（今河北正定）经承天军寨（今山西娘子关）分兵西进。

北汉主刘继元闻宋大兵压境，急派其子刘让赴辽乞求援兵，企图倚仗辽援，坚壁不战，逼宋退兵。二月十八，辽令南府宰相耶律沙、冀王敌烈、南院大王耶律斜轸等率兵南下援北汉，同时加强南京（今北京）方面的防守。三月十六，当辽军日夜兼程进至石岭关（今山西阳曲东北）时，郭进早已布阵待战。辽先锋军敌烈不等后军至，抢先渡涧，军未过半，郭进突然率军出击，斩敌烈等五将，歼万余人，余众仓皇退走。宋军打援获胜，乘势展开进攻，至四月二十一，先后攻占岢岚军、隆州、盂县、宪州（今山西静乐）、石

娘子关

州（今山西离石）、岚州等地，北汉只剩下汾州、太原两三城。北汉主惊惧，再次遣使赴辽求援，被宋军截获；又遣师反击，被宋军击败，控鹤指挥使裴正战死。从此，北汉军困守太原，不敢出战，宋军在城外筑长围四面围攻。

四月二十三，宋太宗经镇州至太原城下，致书北汉主，令其投降，守军不受。次日，宋军轮番攻城，太宗身穿甲胄亲自督战，数十万将士交替发射矢石，勇猛攻城，均被北汉军击退。五月初一，宋军攻克城南护围羊马城，北汉宣徽使范超出降。初三，马步军都指挥使郭万超继降，北汉主的亲信开始逃散。初四，宋太宗再次致书招降，同时挥军猛烈攻城。刘继元慑于形势，于初六举城投降，北汉亡。至此，最终结束了五代十国的分裂局面。

[四、高梁河之战]

宋太平兴国四年（辽保宁十一年，979），宋军为夺取幽州（辽称南京，今北京），在高梁河（今北京西直门外）被辽军击败的一次作战。

太平兴国四年五月初，宋灭北汉后，宋太宗赵匡胤为收复五代时后晋石敬瑭割让给契丹的燕云十六州（今北京至山西大同等地区），即令宋军自太原转兵东进，企图乘辽不备，一举夺占幽州。二十九日，宋军抵达镇州（今河北正定），作进攻准备。六月十三日，宋太宗亲统大军北上，克辽涿州（今属河北）、东易州（今涿州西南）等地。辽将耶律奚底、萧讨古率军迎战于沙河（今涿州北拒马河），为宋军所败。二十三日，宋军进抵幽州城南。辽将耶律斜轸见宋军势盛，不敢争锋，据守得胜口（今北京昌平北），耶律奚底率军退驻清河北（今北京清河镇一带），以为幽州声援。

二十五日，宋太宗以部分兵力牵制耶律斜轸军，命宋渥、崔彦进、刘遇、孟玄从四面强攻幽州。辽幽州守将韩德让拼死守御，又得耶律学古率军自山后驰援，

宋军奋力猛攻十五日，未能攻克，士气大受影响。辽景宗耶律贤闻幽州被围，急令耶律沙、耶律休哥率军增援。七月初六，耶律沙率部先抵幽州，与宋军激战于高梁河畔。战至黄昏，耶律沙军败退。时耶律休哥率骑从间道驰至，与从得胜口南下的耶律斜轸合兵，乘夜暗从两翼向宋军发起反击，宋军撤围后退。耶律学古率城内守军杀出，四面鸣鼓，城中居民也呐喊助威。宋军三面受敌，全军溃退，死者万余人。宋太宗中箭，乘驴车南逃，由涿州退至定州（今属河北）。辽军乘胜追击，获兵器、粮秣无数。

此战，辽军先固守坚城，疲惫消耗宋军，

定州开元寺料敌塔

而后充分发挥骑兵优势，远道增援，迅速扭转被动局面，挫败宋军进攻。宋军久攻坚城不下，师老兵疲，士气低落，终致失败。

［五、满城、瓦桥关之战］

宋太平兴国四年（辽保宁十一年，979）至五年，宋辽战争中的两次作战。

高梁河之战后，宋军被迫退守关南（今河北高阳东）、定州（今河北定县）、镇州（今河北正定）。宋太宗为防辽军乘胜进击，特制阵图予三城守将，准备抗击辽军。太平兴国四年九月，辽景宗命燕王韩匡嗣为统帅，南府宰相耶律沙为都监，率耶律休哥等部 10 万大军南下，令大同节度使耶律善补领兵攻雁门（今山西代县西北）策应。三十日，辽军由幽州（今北京）

雁门关

至满城（今属河北）西集结，准备向镇州方向进攻。宋镇州都钤辖刘廷翰等于徐河（今河北满城北）设阵，崔彦进率军由关南秘密西进，迂回辽军侧背，企图夹击辽军于满城地区。宋将赵延进登高瞭望，发现辽军铁骑遍野，来势凶猛，而宋军按图分成八阵，兵力分散。他冒违诏改阵之罪，力主集中兵力对敌。在都监李继隆的积极赞助下，说服了众将，变八阵为两阵，并遣使至辽营诈降。辽将耶律休哥识破宋军企图，建议韩匡嗣不要纳降，应严兵以待，韩匡嗣不听。宋军乘辽军疏于戒备之机，立即发动进攻，韩匡嗣一时慌乱，指挥失措，辽军大败。溃兵逃往西山，掉坑谷中，死伤甚众。宋军乘势追至遂城（今河北徐水西），杀辽军万余人，缴战马千余匹。

次年三月，辽又发兵 10 万南攻雁门关，为宋将杨业击败。十月，辽景宗亲自领兵20万，由固安（今属河北）攻宋雄州（今河北雄县），二十二日兵集固安。宋太宗九月获谍报，十月十八发兵北上，加强镇州防御，二十四日派侍卫马军都指挥使米信屯兵定州。太宗本想集重兵固守镇州方向，尔后亲率大军从雄州方向实施反击。由于辽军行动神速，到二十九日已越雄州，包围易水北岸的瓦桥关（今河北雄县西南）。十一月初一，宋军过河夜袭辽营，企图解瓦桥之围，未遂。初三，又派兵救援，被休哥军阻于城东，宋守将张师乘机引兵突围，休哥奉命堵截，斩张师，余部退回城中。初七，辽景宗见宋军在易水南列阵，有出战之势，便先机行动，令休哥率轻骑涉水进击，大败宋军。辽军乘胜追至莫州（今河北任丘），俘杀宋军甚众。

宋辽在两次作战中各有胜负。宋军满城之胜，在于因势设阵，诈降惑敌，而瓦桥之败在于行动迟缓，贻误战机。辽军满城之败在于轻敌，瓦桥之胜在于出敌不意。

[六、岐沟关之战]

宋雍熙三年（契丹统和四年，986），宋军分路进攻燕云十六州（今北京至山西大同地区），主力在岐沟关（今河北涿州西南）溃败，致全线失利的一次重要作战。

雍熙三年正月，宋太宗赵炅决定乘契丹国君耶律隆绪年幼、母后专权、内部不稳之机再攻契丹，收复燕云地区。宋军兵分三路：东路曹彬、崔彦进率主力十余万由雄州（今雄县）、霸州北进，趋固安、涿州，以米信率军经新城（今高碑店东南）趋涿州；中路田重进率兵数万自定州（今属河北）北趋飞狐（今涞源），攻取蔚州（今蔚县）；西路潘美、杨业率军自代州（今山西代县）攻取寰（今朔州东）、朔、应（今应县）、云（今大同）诸州。宋军的战略意图是由曹彬部屯兵雄州、霸州，实施佯动，声言取幽州，吸引契丹军主力于东路，使其无暇西顾，保障中、西两

路攻取山后诸州，尔后合三路兵攻取契丹南京（即幽州，今北京）。

契丹承天太后萧绰闻讯，命南京留守耶律休哥率部先趋涿州阻击，又命耶律抹只率军驰援幽

岐沟关之战

州，自与耶律隆绪率精骑数万进抵驼罗口（今北京昌平南口附近）应援。同时，以耶律斜轸为山西兵马都统，率军阻击宋军中、西路东进。命林牙勤德守平州（今河北卢龙）海岸，以防宋水师由海上袭击侧后。

宋军出动后，进展顺利。西路军出雁门关（今山西代县西北），连克寰、朔、云、应诸州；中路军在飞狐击败契丹军，攻占飞狐、灵丘（今属山西）、蔚州。至四月中旬，宋军已占据山后要地。此时，东路曹彬部亦克岐沟关、固安、涿州等地。耶律休哥坚守不战，派小队人马潜入宋军侧后袭扰，并断其粮道。曹彬部据涿州十余日，因粮草不继退回雄州。宋太宗令其沿白沟河向米信部靠近，会合攻占新城，待机北进。曹彬抵新城后，未待中、西路会师，即孤军冒进攻涿州。耶律休哥遣一部兵力沿路阻击，使宋军进展迟缓，20天推进百里。抵涿州时，士卒已疲乏不堪。萧绰率军进抵涿州东，与耶律休哥形成对宋军钳击之势。曹彬见势不利，引军冒雨撤退。五月初三，耶律休哥率精骑追至岐沟关，两军交战，宋军大败，退至拒马河，连夜抢涉，慌乱中人马相踏，溺死者无数。在向易水之南撤退途中，又被契丹军追上，死伤数万，曹彬收拾残部，退至高阳。

契丹军乘胜向西线宋军实施反击，连下蔚州、灵丘、飞狐。宋太宗闻东路军大败，急令中路军撤回定州，西路军退驻代州。不久，又令西路军出代州掩护云、

契丹人引马图

应、寰、朔四州民众内迁。此时契丹军已占据寰州，西路军形势危急。杨业力主分兵应州，诱契丹军向东，另以强弩手千人和步兵扼守石碣谷口（今山西朔州南），以保军民安全南撤。监军王侁、刘文裕及主将潘美不听，逼其直趋朔州出战。杨业中伏失利，回师陈家谷口（今山西朔州南），不见接应，原来潘美、王侁等违约引兵离谷口争功，及闻杨业军战败，即引军遁走。杨业孤军奋战，负伤被俘，绝食三日而死。至此，宋三路大军皆败，所取州县复失。此战后，宋对契丹失去进攻能力，被迫采取守势，辽军掌握了战争的主动权。

［七、延州之战］

西夏天授礼法延祚三年（宋康定元年，1040），西夏军进攻宋西北要地延州（今陕西延安）的作战。

元昊继西夏王位后，对内锐意改革，对外联辽抗宋，逐步加强了党项贵族的专制统治。西夏大庆三年（1038）十月，元昊正式称帝，国号大夏，建元天授礼法延祚。次年，要求宋予以承认。宋廷不允，并下诏停止互市，悬赏捕杀元昊。三年正月，元昊率兵数万攻宋，企图夺取延州。宋鄜延、环庆路经略安抚使范雍闻讯，急令宋军据守诸寨，抗击夏军。元昊发兵前，为麻痹宋军，遣使入延州请和。范雍轻信，放松戒备。夏军乘隙猝然从土门（今

元昊

陕西安塞西北）突入，声东击西，明攻保安军（今陕西志丹），暗袭金明寨（今陕西安塞东南）。金明寨系延州北部门户，周围有 36 寨互为依托，由金明都监李士彬率近 10 万蕃兵扼守。元昊知金明寨强攻难破，乃用里应外合之计，事先派人诈降，并利用李士彬对下严酷、上下不和的矛盾，以金帛爵位收买其部将。当夏军抵金明寨时，内应蜂起，李士彬未及应战，即被擒获，延州前线诸寨不攻自破。元昊遂挥师南下，直逼延州。

夏军进兵时，范雍令鄜延、环庆副都部署刘平自庆州（今甘肃庆阳）至保安军，与鄜延副都部署石元孙合兵援土门，阻遏夏军南进。后因夏军进展甚速，又令刘平救援延州。刘、石合兵至土门，方接还救延州的命令，复引军至保安，经万安镇（今陕西志丹东南）疾趋延州。元昊侦知，于三川口（今陕西延安西北）设伏打援。刘平军不明夏军动向，贸然轻进。二十二日，进至三川口西 10 里驻营。次日，与奉命增援延州的鄜延都监黄德和等会师，合军万余，结阵东进，至三川口，遭夏军阻击。宋军初获小胜，黄昏，夏军重兵围攻，居于阵后的黄德和率部先逃，宋军大溃。刘平仅率千余人，退至西南山下，立寨自固。二十四日晨，夏军破寨，刘平、石元孙被俘。夏军围攻延州，七日未下，适逢大雪，气候严寒，难以久战，遂回师。

此战，夏军准备充分，以诈和达成突然袭击，以策反巧取金明。围延州，据险打援，以众击寡，歼灭宋军主力。宋军主将轻敌寡谋，指挥不当，招致失败。

[八、好水川之战]

西夏天授礼法延祚四年（宋康定二年，1041），西夏军在好水川（今宁夏隆德至西吉两县间）地区，设伏击败宋军的作战。

韩琦

延州之战后，西夏军对宋西北边地的进扰愈加频繁。康定二年正月，宋廷为遏制夏军，采纳陕西经略安抚副使韩琦的建议，拟发泾原、鄜延两路兵反击。因同任副使范仲淹持异议，仁宗命诸臣再议。夏景宗元昊乘宋进兵未决，再度攻宋。

天授礼法延祚四年二月，元昊率兵 10 万从折薑（今宁夏同心县预旺东）进发，经天都寨（今宁夏海原），沿瓦亭川（今葫芦河）南下，直抵好水川地区。元昊为发挥骑兵优势，采用设伏围歼的战法，将主力埋伏于好水川口，遣一部兵力至怀远城（今宁夏西吉县偏城）一带诱宋军入伏。

韩琦闻夏军来攻，命环庆路副都部署任福率兵数万，自镇戎军（今宁夏固原）经怀远城、得胜寨（今西吉县将台北），抵羊牧隆城（今西吉县兴隆镇西北），出夏军之后，伺机破敌。如不利于战，则据险设伏，待夏军回师时截击。夏军逼怀远城，任福与泾原驻泊都监桑怿率轻骑数千先发，钤辖朱观、都监武英等后继。二月十三，进至捺龙川（今西吉县偏城东北），闻镇戎军西路都巡检常鼎等止与夏军战于张义堡（今固原县张易）南，遂转道南进，急趋交战处。夏军佯败，诱宋军追击。任福、桑怿脱离辎重，轻装尾随。黄昏，屯好水川。朱观、武英部屯笼洛川（今隆德西北什字路河）。相约次日会兵川口，合击夏军。十四日，任福、桑怿引军循川西行，至羊牧隆城东五里处，发现道旁放置数个银泥盒，将盒打开，百余只带哨家

西夏火急传递皇帝文书的"敕燃马牌"

鸽飞出，恰为夏军发出合击
信号。宋军阵未成列，即遭
夏骑冲击。激战多时，宋军
混乱，企图据险抵抗。夏军
阵中忽树两丈余大旗，挥左
左伏起，挥右右伏起，居高
临下，左右夹击，宋军死伤
甚众，任福、桑怿等战死。

好水川之战

是日，朱观、武英部进至姚家川（什字路河口），亦陷入夏军重围中。行营都监王
珪率 4500 人自羊牧隆城来援，被夏军击败。武英、王珪等战死，唯朱观率千余人还。
夏军获胜后，闻宋环庆、秦凤路派兵来援，遂回师。

　　此战，元昊运筹周密，预先设伏，诱宋军就范，发挥骑兵优势，突然袭击，
一举获胜，是一次成功的伏击战。

［九、贺兰山之战］

　　西夏天授礼法延祚七年（辽重熙十三年，1044），西夏军在贺兰山北地
区击破辽军进攻的反击战。

　　西夏自元昊称帝后，日益强盛，由附辽（时复称契丹）抗宋发展至与辽、宋
抗衡，招纳辽西南境内的党项、呆儿诸族部落，并出兵支援他们抗拒辽军。辽兴
宗耶律宗真遂决意进击西夏。重熙十三年九月，辽军会集于九十九泉（今内蒙古
卓资北）。十月初，宗真亲领骑兵 10 万渡黄河至金肃城（今内蒙古准格尔旗西北），
分兵三路向西夏进攻：北院枢密使萧惠率主力 6 万出北路，进兵贺兰山北；皇太
弟耶律重元率兵 7000 出南路策应；中路由东京留守萧孝友统领，随护宗真行营。
面对辽军大举进攻，元昊将主力左厢军秘密部署在贺兰山北，以逸待劳，伺机破敌；

远眺贺兰山古长城

另以部分兵力在河套地区钳制疲敝辽军，创造战机。

辽军西入夏境400里未遇抵抗，遂在得胜寺附近设营待机，其北路军的前锋兵力在贺兰山北与夏左厢军接战。元昊见辽后续兵力不断增多，一面据险抵抗，一面伪装求和，示弱以骄纵辽军。为了拖延时间，消耗辽军粮秣，夏军先后三次撤退，共约百里，每次撤退尽烧战地牧草。十月二十四，辽军跟踪夏军进至河曲，粮草已消耗殆尽。萧惠为求速胜，连夜发起进攻。元昊却已在河西设置拒马，部署兵力，做好了准备。次日晨两军接战，夏军稍退。萧惠以先锋及右翼军包围夏军，被元昊所率之千余骑击破。适风沙迷目，辽军阵乱，元昊乘势挥军大举反击。辽军大溃，人马践踏，死伤惨重。夏军乘胜又攻破得胜寺附近辽营，擒驸马都尉萧胡覩等近臣数十人。宗真仓皇逃遁，收集余部撤回云州（今山西大同）。

此战是一次大规模的骑兵攻防战。夏军抓住辽骑兵远征、不宜久战的弱点，诱其深入，待辽军马饥士疲，陷入困境时，以决定性的反击一战获胜。

［十、金辽战争］

金朝建立前一年至金天会三年（辽天庆四年至保大五年，1114～1125），兴起于中国东北部的女真族，起兵反抗直至攻灭辽王朝的战争。

辽朝后期，天祚帝骄奢淫逸，朝政废弛，官僚贵族横征暴敛，互相拼杀，各民族纷起反抗，在辽道宗时，逐步趋于统一的女真各部，已形成拥有 10 万户的强大部落联盟，占有今黑龙江以东及长白山一带广大地区。辽天庆三年，完颜阿骨打继任女真都勃极烈（部落联盟长），秣马厉兵、发展生产，决心摆脱辽朝的统治，起兵攻辽。

宁江州、出河店之战　天庆四年，辽为加强对女真族的控制，派东北统军司节度使萧挞不野领兵 800，至黄龙府（今吉林农安）北部屏障宁江州（今吉林扶余东南）驻防。阿骨打为先发制人，任命银朮可、娄室、移烈、阇母为将，征调各部兵 2500 人于涞流河（今吉林拉林河）集结，九月，誓师攻宁江州。进军中与辽渤海军遭遇。阿骨打为避其锋锐，以佯退诱敌的战法，引渤海军出战，射杀骁将耶律谢十，余众败逃，自相践踏死者十之七八。十月初，女真军败辽将萧挞不野，克宁江州，掠其财物而归。

辽天祚帝闻宁江州已失，派殿前都点检萧嗣先为都统，萧挞不野为副，率 7000 人至出河店（今黑龙江肇源西），同女真军隔混同江（今松花江上游）对峙。阿骨打率 3700 人，乘夜渡江奇袭辽军，时遇大风，阿骨打乘势挥军猛击，大败辽军。金军占领出河店后，分兵夺占宾州（今农安东北）、祥州（今农安境）、咸州（今辽宁开原北）等地。辽军连战受挫，天祚帝惊恐，罢枢密使萧奉先，起用南府宰相张琳统管军事。辽军兵力不足，张琳仓促征兵，以 10 万大军分四路出击，企图夺回宁江州。阿骨打先集兵歼灭辽军突出的涞流河一路，其余三路不战自退。女真军连战皆胜，兵力骤增至万人。

居庸关

黄龙府之战 辽天庆五年正月初一，完颜阿骨打称帝（即金太祖），建立金朝，年号收国。初五，率兵攻陷黄龙府后回师。天祚帝闻讯，命都统耶律讹里朵等，率号称骑兵20万、步兵7万增援，并遣使逼金议和。金太祖率军至达鲁古城（今扶余东）下，发现辽军虽众，但队形不整，遂于高阜列阵，令完颜宗雄以右军击辽左军，令左军迂回辽右军阵后，令娄室、银术可率军直冲辽中军。初战受阻，金太祖急令完颜宗幹设疑兵，辽军分势，宗雄抓住战机转兵猛攻辽右军。辽军大败，退入达鲁古城，次日黎明突围北逃，金军全歼其步兵后回师。八月，金军再次出兵，九月，攻陷黄龙府。

完颜阿骨打

十一月，辽天祚帝宗率数十万大军分两路夹击黄龙府，企图一举消灭金军。因都监耶律章嘉奴叛乱，中途回师。金太祖乘机率2万轻骑兵奔袭辽军，追至护步答岗（今黑龙江五常西）与辽军相遇，金军集兵冲其中坚，辽军不备，大败而逃。金军连创辽军主力，取得了主动地位。

东京、上京之战 金收国二年（辽天庆六年，1116）正月，渤海人高永昌拥兵自立，占据辽东50余州。天祚帝令宰相张琳募饥民2万余攻讨。高永昌向金求援，金太祖乘机派兵出击辽东，先于沈州（今沈阳）败张琳军，后又击灭高永昌，占领东京（今辽宁辽阳）。金天辅元年（辽天庆七年，1117）四月，天祚帝命秦晋王耶律淳率军向辽东反击，被金军击败。九月，天祚帝为阻遏金军向西发展，命耶律淳为都统，招募辽东流民2.8万人，编为8营，号称"怨军"，由乾州（今辽宁北镇境）屯卫州蒺藜山（今辽宁阜新北），企图固守中京（今内蒙古宁城西）、上京（今内蒙古巴林左旗南）。十二月，金军西攻显州（今辽宁北镇），怨军阻击未成，金军乘势夺占蒺藜山，败耶律淳军，拔显州。乾、徽、懿、成（今辽宁阜新南北一带）、惠（今内蒙古敖汉旗境）等七州相继降金。从此，金每占一地，便废除苛法，减免赋税，优待降俘，争取民心，以巩固后方。

天辅二年至三年，金辽议和未成，金军转入大举进攻。四年二月，金与宋始议夹攻辽的"海上盟约"。五月，金乘辽尚未部署就绪，三路出兵奔袭上京，仅半日，攻入外城，上京留守挞不野率兵出降。

转战西京 金天辅五年，辽都统耶律余覩投金，金太祖得知辽内部空虚，兵源枯竭，于是命完颜杲为内外诸军都统，完颜昱、完颜宗翰等五人为副都统，耶律余覩为先锋，统军南下。次年正月，占领辽中京，进据泽州（今河北平泉西南）。二月，占领北安州（今河北承德西），前锋进至松亭关（今河北迁西喜峰口）、古北口（今北京密云东北）一带。天祚帝见金军有直取南京（今北京）之势，留耶律淳等守南京，自率军至鸳鸯泊（今河北张北县安固里淖）。完颜宗翰命耶律余覩率前锋兵疾驰鸳鸯泊，天祚帝逃往西京（今山西大同）。金军跟踪追击，西京降金，天祚帝逃往夹山（今内蒙古土默特左旗西北）。后西京辽军复叛，金军分兵追击天祚帝，主力回师再攻西京。辽将耿守忠率7000人来援，金军于城东40里设伏，一举歼灭耿军，攻破西京。六月，太祖由上京至鸳鸯泊，闻天祚帝在大渔泊（约在今大同北），遂遣轻骑4000为先锋，追天祚帝于石辇驿（今山西大同西北）。此时，辽

辽阳后金东京陵

军尚有2.5万人，金军至者仅千余人，被辽军包围。天祚帝登高观战，被金军发现。金军直冲天祚帝，天祚帝弃军逃跑，都统萧特末等被擒，辽军大败。

进军南京　金天辅六年三月，辽秦晋王耶律淳在南京称帝。十二月，金分兵两路攻南京，一路入得胜口（今北京昌平西北），一路入居庸关，适遇地震，辽军不战自溃，金军轻取南京。七年八月，金太祖病逝，其弟完颜晟继位（即金太宗）。天会三年（1125）二月，金军于应州（今山西应县）境俘天祚帝，辽朝灭亡。

在长达 11 年、经过上百次战斗的金辽战争中，完颜阿骨打审时度势，以武力进攻与分化瓦解相结合的方略，纵横征战数千里，出奇制胜，多次击败辽军主力，逐个夺取辽朝重镇，终于攻灭辽朝，确立了金在中国北部的统治。

［十一、金灭北宋之战］

金天会三年至五年（宋宣和七年至靖康二年，1125 ～ 1127），金军南下攻灭北宋的战争。

天会三年，金灭辽后，即准备攻宋。为迷惑宋朝，金不断遣使至宋，佯示友好，使宋廷放松了戒备。十月，金突然兵分两路南下：西路由左副元帅完颜宗翰率领，自西京（今山西大同）攻太原；东路由南京路都统完颜宗望率领，自南京（今河北卢龙）攻燕山府（今北京）。战争伊始，金西路军轻取朔（今山西朔县）、武（今山西神池）、代（今山西代县）等州，继而围攻太原，遭宋军顽强抗击，遂改为长期围困。金东路军进抵燕山府，宋守将郭药师投降。宗望以郭药师为向导，移军直扑东京（今开封）。十一月，宋徽宗赵佶见形势危急，令各路军入援，同时遣使向金求和，次月传位于太子赵桓（即钦宗）。四年正月初，金东路军迫近黄河北岸，进攻浚州（今河南浚县），宋军梁方平部奔溃，南岸守桥的何灌部亦焚桥溃散。金军进占浚州后，以小船渡河。徽宗闻讯南逃。钦宗也欲弃城西走，经兵部侍郎李纲力谏，才决定留在东京。钦宗升李纲为尚书右丞、东京留守。李纲提出"今日之计，莫如整励士马，声言出战，固结民心，相与坚守，以待勤王之师。"他积极营造战具，整饬军备，抚励民心。正月初七，金东路军 6 万兵临东京城下。李纲率军民日夜坚守，重创金军。不久，宋军20余万来援。李纲等主张坚壁勿战，待金军粮尽力竭后再行攻击。然钦宗屡变决心，后遣军夜袭金营失利，遂再与金人议和。金乘机迫宋钦宗接受屈辱的和议条件后撤军北归。宗翰除留军一部继续围攻太原外，也退回西京。金军退后，徽宗返回东京。宋廷轻信和议，不修战备。李纲等主战大臣相继被贬，宋廷遂为主和大臣所控制。

宋钦宗赵桓

八月，金军再次大举南下。宗翰率西路军自西京攻占太原，宗望率东路军自保州（今河北保定）攻占真定（今河北正定）。宋廷急忙遣使议和，求金缓师。而金一面佯许和议，一面遣军直趋东京。十一月，金西路军进占河阳（今河南孟县南）。宋廷令宣抚副使折彦质统兵12万、金书枢密院事李回率骑兵万余，在黄河南岸据守，阻止金军南渡；令河北、河东路宣抚使范讷统兵5万，驻守滑州（今河南滑县）、浚州，以阻金东路军。金东路军见宋有备，转

宋徽宗赵佶

兵恩州（今河北清河），趋大名（今属河北），在李固渡（今河北魏县西）过河。西路军则虚张声势，击鼓吓退守河宋军，从孟津（今属河南）、河阳等地，相继渡河。宗翰、宗望会师于东京城下。钦宗惊恐万状，急许与金划黄河为界。金不理会，继续进攻。闰十一月二十五，金军攻破东京。十二月初二，钦宗投降。五年四月，金军携宋徽、钦二帝北还，北宋遂亡。

[十二、宗泽守东京之战]

南宋建炎元年（金天会五年，1127）至二年，宗泽率军击退金军进攻、保卫东京（今开封）的作战。

靖康二年（1127）四月，北宋亡。五月，康王赵构在南京（今河南商丘）即帝位，是为高宗，年号建炎，史称南宋。为抵抗金军进攻，高宗于六月任命 69 岁的抗金名臣宗泽为东京留守。宗泽到任后，积极联络今山西、河北和陕西等地抗金义军，实行统一领导；制造决胜战车 1200 辆，督率所部加紧操练；还在东京周围以及黄河沿岸州县修筑连珠寨，互相应援，使防御力量日益增强。

宗泽

但在宗泽积极备战时，高宗却担心京城难守，于十月迁都扬州，中原人心动荡。

金太宗完颜晟闻宋都南迁，乘机于十二月派兵三路进攻山东、河南、陕西，企图控制中原，夺取扬州，灭亡南宋。金中路军由左副元帅完颜宗翰率领，自河阳（今河南孟县南）渡黄河，攻占汜水关（今河南荥阳西北）后，其主力与东路军大将完颜宗弼部会攻东京。宗泽事先派统制官刘衍和刘达各率士兵 2 万、战车 200 辆，分别赴滑州（今河南滑县）、郑州，以分敌势，保护河梁，等待大军北渡。金军知宋军有备，在袭扰沿河州县之后乘夜断河梁撤走。建炎二年正月，金军一部从白沙（今河南中牟西）进攻东京，民众震恐。宗泽一面下令照旧张灯，庆祝元宵，以安定人心；一面派精兵数千，绕至金军后方，截其归路。刘衍率部与金军正面接战，宋援兵从后面骤起，前后夹击，大败金军。二月，金军进攻东京北部要冲滑州，宋将张6主动率兵增援，因寡不敌众，力战而死。宗泽又派统制官王宣率兵 5000 人救援，击溃金军于滑州北门，接着又乘机夜袭金营，斩杀数百人；与此同时，黄河南北抗金义军已发展至百万，严重威胁金军后方，迫使各路金军纷纷撤退，从而粉碎了金军此次攻取东京的企图。

此战，宗泽团结广大抗金武装，部署周密，指挥灵活，相互支援，在东京外围积极打击金军，保卫了东京的安全。

［十三、和尚原之战］

南宋绍兴元年（金天会九年，1131），宋军在和尚原（今陕西宝鸡西南）击退金军进攻的要隘防御战。

宋、金富平之战后，为阻遏金军攻四川，宋秦凤路经略使吴玠退保大散关（今宝鸡西南）以东险隘和尚原，列栅筑垒，储粮缮兵，全力部署防御。绍兴元年五月，金将完颜没立率军自凤翔，乌鲁、折合自阶、成（今甘肃武都东南、成县）二州，会攻和尚原。吴坚守营垒，避其锐锋，派兵交替作战，将金军击退，使其无法会合。十月初九，金元帅左都监完颜宗弼集兵十余万，自宝鸡架浮桥渡渭水，次日，向和尚原发起猛攻。吴玠命弟吴璘及部将雷仲等率军依托险隘坚垒，以劲弓强弩轮番发射，苦战至晚，击败金军。十一日夜，吴玠遣精兵从间道迂回金军之后，袭其营寨，断其粮道。十二日晨，金军兵疲粮乏而退，行至和尚原以北神岔峪，宋军伏兵突起，双方展开鏖战，金军大败，被俘千余，遗弃铠甲数以万计。宗弼身中两箭，溃逃而去。

宝鸡天台山

此战，吴玠凭借天险蜀口有利地形，针对金军长于骑射、短于步战的弱点，坚守要隘，适时反击，最后出奇兵制胜，取得宋金战争以来首次大捷，鼓舞了南宋军民的抗金斗志。

[十四、岳飞收复襄阳等六郡之战]

南宋绍兴四年（金天会十二年，1134），宋军为收复被金朝扶植的刘豫政权占领的襄阳（今属湖北）等六郡而进行的反击战。

陕西绥德韩世忠塑像

绍兴三年冬，金与刘豫军在击败宋襄阳镇抚使李横的主力后，派大将李成乘势进占襄阳等地，企图策应进攻川陕的金军东下。次年四月，南宋为了打破金军企图，派岳飞率军 3 万余人，由江州（今江西九江）北上收复六郡。并令韩世忠、刘光世自两淮出兵策应，钳制李成。五月初六，岳飞一举攻下郢州（今湖北钟祥）。尔后，兵分两路，派张宪等东攻随州（今属湖北），自率主力直取襄阳。李成闻讯，弃城北遁。十七日，宋军进驻襄阳。次日，张宪等克随州。六月初，李成得到增援后，在新野（今属河南）附近集结重兵，企图夺回襄阳。岳飞先遣一部兵力至清水河（约在今襄阳西北）佯动诱敌，待李成军来攻，自率军迂回其后，并力夹击，打退李成反扑。

七月，进军邓州（今河南邓县）。金军为阻挡宋军继续北进，派援军与李成合兵数万，在邓州西北列 30 余寨，企图与宋军决战。岳飞先命王贵、张宪从东西两翼分进合击，继派王万、董先率部突袭，大败金与李成军。十七日，宋军攻占邓州。

汤阴岳飞庙

其后，岳飞又乘势收复唐州（今河南唐河）和信阳军（今河南信阳）。此战，是南宋一次较大规模的反击战，收复了大片失地，为以后岳飞进军中原创造了有利条件。

[十五、顺昌之战]

南宋绍兴十年（金天眷三年，1140），南宋军民为阻击金军进攻，在顺昌（今安徽阜阳）进行的城邑守卫战。

绍兴九年，宋、金达成以黄河为界的和议。次年五月，金熙宗和都元帅完颜宗弼，以收回河南、陕西之地为借口，撕毁和约，兵分四路出山东、陕西及汴（宋东京，今开封）、洛（今洛阳）两京，大举攻宋。宗弼亲率主力10余万，夺取东京后，挥师南下。南宋新任东京副留守刘锜北上赴任，五月十五行至顺昌，闻金军前锋已进至陈州（今河南淮阳），距顺昌约300里。顺昌地处淮北颍水下游，为金军南下必经之地。刘锜为屏蔽江淮，决定以所率"八字军"等约两万人与知府陈规共同坚守顺昌。战前，刘锜凿沉船只，激励将士决心守城；广派斥候察明金军动向；发动民众环城修筑土围，用以护城屯兵；同时加固城池，增设障碍，准备迎战金军。

二十五日，金军游骑进抵顺昌城郊，刘锜设伏擒获金军千户两人，得知金将韩常和翟将军部屯驻距城30里的白龙涡。刘锜乘其不备，派兵千余人夜袭其营，斩获甚众。二十九日，金军三路都统和韩、翟两军3万余众，渡颍水迫近城下。刘锜使用疑兵计，大开城门，金军不知虚实，不敢冒进。刘锜乘其犹豫之际，以强弓劲弩齐射，继以步兵持长枪、大斧猛冲。金军不支，向颍水溃退，多落水中溺死。六月初二，金军移驻城东拐李村，刘锜利用金军骑兵不善夜战的弱点，派骁将阎充率锐卒500夜袭金营，大败金军。

宗弼得悉前锋军连遭重创，亲率精兵10余万由东京驰援，进抵颍水北岸，人马蔽野。刘锜部将中有人恐寡不敌众，建议退守江南。刘锜召集诸将晓以利害，激励将士背城死战。并派曹成等二人去金营行间，诡称刘锜是太平边帅之子，只图逸乐，不懂战守。宗弼信以为真，将攻城的鹅车、砲具留下，率龙虎大王、三路都统、韩、翟将军人马，合围顺昌。宗弼见城垣简陋，声言可以用靴尖踢倒，遂遣精骑攻东西两门，自率亲兵4000，往来为援。兵皆铁盔重铠号"铁浮图"。

顺昌之战成为以少胜多的著名战例

将士奋勇守卫城池

时值盛夏，金军不惯炎热。早晨天气凉爽，金军猛攻，刘锜坚守不战；午后天气酷热，金兵力疲气衰，刘锜派数百人出西门佯攻，继以5000精兵潜出南门，攻击金军侧翼，大败金军（一说刘锜还在颍水上游及草中置毒，金军人马食水草后致病）。宗弼不甘失败，移驻城西，企图久围顺昌。时连日大雨，刘锜又频频派兵夜袭，十二日，宗弼乃率部退回东京，顺昌围解。

此战，刘锜以顺昌城为防御要点，利用金军不惯炎热、不习夜战的弱点，以攻为守，以长击短，重创金军主力，粉碎了金军的进攻，成为南宋抗金战争中，以少胜多、以步制骑的著名战例。

[十六、郾城、颍昌之战]

南宋绍兴十年（金天眷三年，1140），岳飞在进军中原中，于郾城（今属河南）、颍昌（今河南许昌）地区对金军进行的作战。

顺昌之战后，金军都元帅完颜宗弼率部退回开封。南宋湖北、京西宣抚使岳飞，乘机向中原地区发动反攻，派忠义统制梁兴、董荣等潜渡黄河，联络河北、河东义军，攻夺州县，袭扰金军后方；自率数万大军由鄂州（今武昌）北上。六月二十五，进入陈（今河南淮阳）、蔡（今河南汝南）地区，长驱直入，至七月初二，连克郾城、临颍（今属河南）、颍昌、郑州、河南府（今洛阳）等地，切断了金军东西联系，直接威胁开封。

宗弼为扭转危局，利用宋军分兵攻占州县之机，亲率韩常、龙虎大王、盖天大王等部 1.5 万余重甲精骑，于七月初八奔袭岳飞宣抚司驻地郾城，企图摧毁宋军统帅机构，打破岳飞的反攻计划。宗弼率军进至城北 20 里处列阵，向郾城推进。岳飞首先命其子岳云率骑兵冲击，分割打乱金军阵势；继以步卒持麻扎刀、提刀、大斧从侧翼冲击，上砍人，下砍马，与金军骑兵展开格斗。激战竟日，金军死伤甚众，宗弼被迫率余部撤退。

郾城战后，岳飞料定宗弼必将继续来攻，以扭转其不利处境。岳飞为寻找战机，歼金军主力，遂调整部署，命统制张宪由陈州进驻临颍，派岳云率部援颍昌，以增强前锋兵力。宗弼果倾其全力进攻临颍。十三日，岳飞派往临颍的杨再兴等 300 余骑，在临颍南的小商桥与金军遭遇，展开激战，杀金兵 2000 余，杨再兴等将英勇战死。十四日，张宪部赶到临颍后，击退金军。当日宗弼率 3 万余骑进

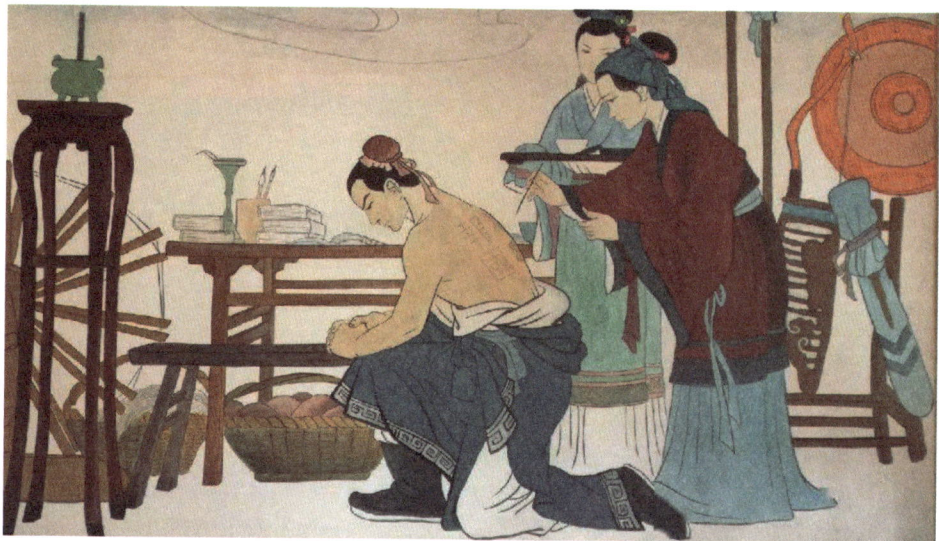

精忠报国

岳飞被迫撤军，遗憾而返

逼颍昌城下。驻守颍昌的统制王贵会同岳云与宗弼军展开决战。宋军以 800 骑居中，猛冲金步军，以步军对付金军两翼骑兵，自晨战至午，杀金军统军使以下将士 5000 余人，俘 2000 余人，获马 3000 余匹，宗弼率余部败退开封，不敢再战。金军屡遭挫败，内部分裂动摇，宗弼准备放弃开封，撤军河北。岳飞建议乘势夺回开封，收复中原，但南宋朝廷坚持与金议和，下诏强令回师。岳飞被迫于七月二十一撤军，所克州县复失。

郾城、颍昌之战，是在平原地进行的较大规模的步骑交战。岳飞能适时掌握对方作战企图，针对金军骑兵多而强的特点，发挥己方士气旺盛、军队训练有素的长处，巧妙使用兵力，重创金军主力，故屡战屡胜。

[十七、柘皋之战]

南宋绍兴十一年（金皇统元年，1141），宋军在柘皋（今安徽巢湖西北）地区击败金军进攻的反击战。

绍兴十年，金军在郾城、颍昌之战中失败后，退据汴京（今开封），征兵屯粮，伺机再举。次年正月，金帅完颜宗弼乘各路宋军奉诏南撤之机，率骑兵号称10余万，再次进攻南宋，渡淮河，破寿春（今安徽寿县），长驱而南。宋廷面对金军的攻势，急令大将刘锜、杨沂中、张俊分率所部渡长江抗击。正月中旬，刘锜部首先自太平州（今安徽当涂）渡江；下旬，军至庐州（今合肥），见城内民众逃散，兵力薄弱，缺乏防御器具，难以坚守，遂退兵东关（今安徽含山西南），据险扎营，钳制金军。金军进占庐州，宗弼遣大将韩常等率部分兵力继续南进，攻取含山、和州（今安徽和县）等地。二月初，张俊、杨沂中部先后渡江，击败金军，会师和州。随后刘、杨、张三军分路进击，收复清溪（今含山西南）、含山等地，金军败退柘皋。

柘皋，东临石梁河（今柘皋河），地形平坦，利于骑兵作战。金军主力集结于柘皋。时逢大雨，河水暴涨，金军毁桥，以阻宋军前进。二月十七，刘锜率兵追至河东，见河阔仅二丈余，即命士兵积薪为桥。次日，宋军各部齐集，刘锜与诸将分军为三，准备进攻。金军分为左右两翼，夹道而阵。杨沂中挥军从上游渡河，进击不利。此时，张俊部勇将王德见金军右翼为劲骑，即挥军过桥，向其猛攻，并乘金军阵势混乱之机，大呼冲杀。金军以"拐子马"两翼而进。杨沂中令万余士兵手持长斧，奋力砍杀，攻破"拐子马"。金军败逃柘皋西北的紫金山，后又在店埠（在今安徽肥东境）与宋军激战，不支，溃逃。宋军乘胜收复庐州。

此战，宋军部署周密，指挥果断，密切配合，连续进击，斩杀金军万余人，阻止了金军渡江南进。宋军亦伤亡900余人。

［十八、秦州之战］

亦称刬家湾之战。

南宋绍兴十一年（金皇统元年，1141），金西路军统帅完颜杲，在攻取陕西部分地区后，八月，派部将蒲察胡盏、完颜习不主，合军5万余人，进据秦州（今甘肃天水）东北刘家圈，伺机南下入川。宋川陕宣抚副使胡世将，命右护军都统制吴璘，率军2.8万，自河池（今甘肃徽县南）北上，抗击金军，收复秦州等地。九月十六，吴璘攻克秦州后，移师至刘家圈以南。刘家圈地处高原，前临峻岭，背靠腊家城（今甘肃秦安东），易守难攻，金军凭险扎营，自信宋军不敢来攻。吴璘察看地形后，为避金军骑兵自上而下冲击宋军，决定上原列阵。二十一日，吴璘佯约金军次日决战，当天深夜，乘其不备，率精兵越岭上原，并命部将张士廉绕至原后，控扼腊家城，断金军退路。吴璘上原后，在剡家湾组成"叠阵"，以持不同兵器的步兵多层配置，以骑兵居于侧后。阵成，万炬突燃，引金军出战。胡盏恃勇率兵出击，吴璘指挥"叠阵"中的弓弩手轮番发射，连续打退金军数十次冲击，乘其退却，派骑兵追击，金军大败，被杀数千，降者万余。由于张士廉误期，致使胡盏、习不主率余部退入腊家城。宋军围城猛攻，将破之际，宋高宗为向金求和，却诏令吴璘回师。

[十九、采石之战]

南宋绍兴三十一年（金正隆六年，1161），虞允文率领军民在采石（今安徽马鞍山西南）阻止金军渡江南进的江河防御战。

金帝完颜亮于正隆六年秋，调集32万大军，分路出兵，企图一举灭宋。十月初，自率主力17万进抵淮河北岸，欲从寿春（今安徽寿县）渡淮。南宋担任淮西防务的建康都统制王权，闻金军来攻，不加抵御，致使金军顺利渡淮。宋军退至

采石渡口遗址

和州（今安徽和县），将士纷纷请战，王权诡称奉旨弃城守江，便乘船先逃，部众随之败退采石。完颜亮进入和州后，拆房造船，准备十一月初八渡江。

王权军不战自溃，使南宋凭借的长江天险受到严重威胁。宋廷为挽救危局，解除了王权职务，命诸军统制李显忠负责江防；派督视江淮军马府参谋军事虞允文催李显忠赴任，并到采石犒师。十一月初八，虞允文至采石，见情势危急，在李显忠未至、金军即将渡江的紧急情况下，集兵 1.8 万人，主动指挥迎战金军。他将步骑军隐蔽于高地后，严阵以待。分水军的海鳅船为五队：一队居中，两队为东西翼、载以精兵，由当涂（今属安徽）民兵，踏车驶舟，军民协力截击金军舟船；两队分别隐蔽小港，以为后备。金军大批舟船由杨林河口驶出，部分船只冲开宋军战船强行登岸。虞允文往来指挥将士迎战，部将时俊等见虞允文身先士卒，遂率领兵将奋勇拼杀，立即消灭了登岸金军。海鳅船在江中来往冲击，并施放霹雳炮，金军兵将纷纷落水，多死江中，余船向杨林河退走。虞允文判定金军必再来攻，当晚命时俊率海鳅船控制杨林河口。完颜亮渡江不成，被迫于十二日率军转向淮东，企图从瓜洲（今属江苏邗江）南渡。虞允文识破金军东去意图，遂率军星夜驰援镇江（今属江苏）。时完颜亮已知完颜雍在东京（今辽宁辽阳）称帝，乃强令部将三日内渡江。众将知渡江必败，二十七日，部分兵将闯入御营将完颜亮杀死。金军北撤。

此战，虞允文在紧急关头挺身而出，组织与指挥采石军民迎战金军。由于他兵力部署得当，指挥果断，充分发挥宋军的水上优势，从而扭转了战局，转败为胜。

第二章 蒙元明

［一、蒙金战争］

金大安三年至天兴三年（1211～1234），蒙古国出兵攻灭金朝的战争。

战争背景 女真贵族建立的金朝，于1125年灭辽、1127年灭北宋，统治了中国北方，长期推行残酷的民族压迫政策，使蒙古人对金统治者怨入骨髓。1206年蒙古部首领铁木真（成吉思汗）统一漠北各部，建立蒙古国，组建了一支长于野战和远程奔袭的蒙古军。以成吉思汗为代表的新兴的蒙古贵族，为掠夺财富和扩张势力范围，借为祖先复仇之名，决计出兵攻金。战前，成吉思汗利用各种渠道，刺探金朝的政治、军事情报；招纳为金守卫界壕边堡的汪古部，使阴山以北地区成为攻金的基地；出兵迫使西夏归顺，以扫除攻金的牵制力量；还招纳金戍边将领作为内应。金朝在章宗完颜璟时，曾构筑一条长达3000余里的界壕边堡线防御蒙古，然昏聩的卫王完颜永济在即帝位后却疏于戒备，边将报告敌情反受惩罚，还禁止百姓议论边事，从而使自己处于被动挨打的地位。

成吉思汗

战争经过　蒙金战争历时 24 年，双方多次易帅，战策方略也屡有改变，其进程大致分为三个阶段。

第一阶段　成吉思汗亲自指挥攻金。大安三年二月，成吉思汗自龙驹河（今克鲁伦河）率军南下，越过阴山，袭击金朝边地。同年秋，兵分两路，以钳形攻势大举攻金。东路蒙古军由成吉思汗亲自率领，袭取乌沙堡、乌月营（今河北张北西北），迫使金军 30 万投降。蒙古军又攻取抚州（在今张北县境），金将完颜承裕率军 30 万，列阵野狐岭（今河北万全西北）以北迎战。成吉思汗命大将木华黎率敢死士在前冲杀，自率主力跟进，迫使金军败退会河堡（今万全西南）。蒙古军骑兵跟踪追击，经三天激战，歼灭金军精锐，前锋抵达中都（今北京）。因城垣坚固，金军又屯有重兵，蒙古军攻城失利，被迫撤围。与此同时，西路蒙古军由成吉思汗之子术赤、察合台、窝阔台率领，攻掠云内（今内蒙古托克托东北）、东胜（今托克托）、朔州（今山西朔县）等地。金西京（今山西大同）守将纥石烈胡沙虎闻讯弃城逃跑。两路蒙古军掳掠大批人畜和财物后撤兵。

崇庆元年（1212），金千户耶律留哥在辽东起兵叛金，成吉思汗派兵应援，先后击败金军约百万。秋，成吉思汗率军围攻西京，同时在西京东北之密谷口设伏，歼灭了金援兵。攻城时，成吉思汗中箭，遂撤围北归。十二月，蒙古军先锋哲别率军攻打金东京（今辽宁辽阳）未克，便佯退500里。东京守军以为敌退，疏于戒备，蒙古军轻骑驰还，一举袭克。

至宁元年（1213）七月，蒙古军在怀来（今属河北）、缙山（今北京延庆）大战中，击败金将完颜纲、术虎高琪，乘胜直抵居庸关北口（今北京八达岭）。金军加强居庸关防守，冶铁封固关门，布铁蒺藜百余里。成吉思汗避实击虚，只留少部兵力在北口牵制，自率主力迂回南下，袭取紫荆关（今河北易县西北），攻克涿州（今河北涿县）；另派哲别率兵走小道袭取南口，南北夹击，夺取居庸关。此时，金廷发生政变，完颜永济被杀，完颜珣称帝（即宣宗）。成吉思汗得知金内地兵力空虚，遂兵分三路深入中原、辽西等地。至次年三月，除中都等11城未克外，几乎扫遍黄河以北广大地区。蒙古军回师中都城下，迫金宣宗奉献完颜永济之女歧国公主和金帛、马匹后，退出居庸关。五月，金宣宗因畏惧蒙古军再攻中都，下令迁都南京（今开封）。六月，金北方部族人组成的乣军，在良乡（今属北京）一带哗变降蒙古。成吉思汗乘机命部将石抹明安、三摸合拔都率军从古北口（今属北京）南下，会合乣军攻中都。蒙古军采取围城打援和招降之策，击溃了金援军，尽获所运粮饷，使中都陷于粮尽援绝的困境。与此同时，成吉思汗为策应中都之战，命木华黎率军进攻辽东。贞祐三年（1215）五

八达岭长城

月，金中都留守、都元帅完颜承晖服毒自杀，蒙古军进占中都。在此期间，蒙古军吸收中原先进技术，组建了砲军，配合骑兵攻坚。四年秋，成吉思汗命三摸合拔都率万骑，由西夏绕过潼关（今陕西潼关东北），奔袭南京，兵至京西杏花营，因金援兵赶到，被迫渡黄河北去。同年，成吉思汗从金境撤出主力准备西征。次年四月，金朝乘蒙古军攻势减弱之际，为补偿对蒙古作战的损失，发兵进攻南宋，但徒伤国力，自陷于腹背受敌的境地。

这一时期，蒙古军发挥骑兵的快速机动能力，纵横驰骋，歼灭大量金军，掳获无数战利品，终于夺取了中都，削弱了金朝的实力。

第二阶段 木华黎及其子孛鲁指挥攻金。兴定元年（1217）八月，成吉思汗封木华黎为太师、国王，授权他统率蒙古兵1.3万、汪古骑兵1万及降蒙的紅、汉诸军攻金。木华黎改变以前肆意杀掠和夺地不守的做法，招降和重用汉族地主武装首领为其争城夺地。先前降蒙古的河北清乐军首领史天倪、地主武装首领刘伯林、张柔等，在木华黎重用下，攻取辽西、河北、山东、山西各地数十城。四年秋，宋济南治中严实，以其控制的八州、30万户降蒙古，使蒙古军不战而取大片土地。木华黎把招抚政策同军事进攻密切配合，迫使金境内的抗蒙武装首领武贵、张琳、董俊等纷纷归附。金朝也用高爵收买山东、河北、山西等地土豪，封王福、张甫等九人为九公，令其为金守城夺地。因此，当时的战争出现了拉锯态势。

元光元年（1222）冬，木华黎率军攻长安（今西安）、凤翔（今属陕西），未克。次年三月病死。其子孛鲁袭职，继续指挥攻金，命汉将史天泽率军击败叛将武仙，夺占河北大片地区。正大二年（1225），史天泽又配合蒙古军消灭了彭义斌领导的抗蒙红祆军。次年，蒙古军围攻山东益都，迫使义军首领李全投降。孛鲁力排众将处死李全的主张，且委以重任，此举使许多州县闻风归附。金哀宗完颜守绪为集中力量抗蒙，停止攻宋战争，同西夏和好，以全力西守潼关，北沿黄河2000余里分四段派精兵坚守。于是，蒙、金军隔河对峙。

在此时期，木华黎父子广用汉人武装，把势力范围由河北、山东、山西扩至陕西，进一步削弱了金朝的力量。

第三阶段　窝阔台指挥灭金。正大四年（1227）四月，成吉思汗由西夏挥师南下，准备一举攻灭金朝，但不久病死。他临终遗嘱："金精兵在潼关，南据连山，北限大河，难以遽破。若假道于宋，宋、金世仇，必能许我，则下兵唐、邓（今河南唐河、邓县），直捣大梁（今开封）。金急，必征兵潼关。然以数万之众，千里赴援，人马疲弊，虽至弗能战，破之必矣。"此言，正确分析了战争形势，提出了借道于宋、联宋灭金的决策，成为其继承人灭金的总方略。

四处征战的蒙古军

六年八月，窝阔台即蒙古大汗位，次年率军攻金。八年二月，攻克军事要地凤翔，为实现远程迂回方略创造了条件。五月，窝阔台在官山（今内蒙古卓资北）召开诸王百官大会，决定遵父遗旨，借道南宋进军南京。秋，蒙古军分兵三路出师：东路，由斡陈那颜率领，出山东济南；中路，由窝阔台亲率，从白坡（今河南孟津东北）南渡黄河；西路，由拖雷率领，为三路之主力，从凤翔南下，绕道宋境，由金州（今陕西安康）沿汉水东进。金哀宗闻讯，急调黄河沿岸守军20万，至邓州禹山地区阻击蒙古西路军。拖雷避开金军主力，兵分多路北上。金军又匆忙由邓州驰援南京。拖雷置主力于钧州（今河南禹县）三峰山附近待机，另派3000轻骑袭扰金军。金军主力且战且行，数日不得休息和饮食，又逢连降大雪，将士精疲力竭。开兴元年（1232）正月十六，蒙古军乘机发起三峰山之战，全歼金军精锐15万，俘杀金帅完颜合达、移剌蒲阿。随之，潼关金将李平献关降蒙古，河南十余州被蒙古军占领。

三月，窝阔台遣大将速不台率军3万围攻南京。守城军民使用震天雷、飞火枪奋勇抗击，经16昼夜激战，双方伤亡惨重，蒙古军停止攻城。八月，蒙古军在郑州附近击败金援军10余万。至此，金军主力已所剩无几，京城内粮尽援绝。金哀宗于十二月自带少数臣僚和将士辗转逃往归德（今河南商丘）。天兴二年（1233）正月，南京金将崔立向蒙古军献城投降。六月，金哀宗去蔡州（今河南汝南）。蒙古军大将塔察儿率部进围蔡州。十一月，南宋应蒙古之约，遣大将孟珙率军2万、运米30万石，与蒙古军会师蔡州城下。三年正月，宋军、蒙古军相继攻入城内，金哀宗自杀，金亡。

胜败原因　蒙金战争中，成吉思汗及其继承人，在政治上以反抗压迫为号召，发挥了新兴民族的锐气；在谋略上善于利用金、宋、夏以及金朝内部的矛盾，联此击彼，各个击破，尤其是成功地运用了借道于宋、联宋灭金之策；在战法上声东击西，突袭歼敌；在武器装备上善于吸取中原先进技术，使长于野战的蒙古军增强了攻坚能力。而金统治者，政治腐败，多方树敌，士气不振，战法消极。蒙古灭亡金朝，为尔后建立元朝、统一全国奠定了基础。

［二、忽必烈灭大理之战］

1252年（大理天定元年）至1254年，蒙古宗王忽必烈率军远程奔袭、攻灭大理国的作战。

大理国，是中国白族祖先于937年建立的政权，辖今云南全境及四川西南部。1234年宋、蒙交战以后，蒙古军在四川、荆襄、江淮等地遭宋军顽强抵抗，灭宋计划长期未能实现。1251年蒙哥继汗位后，采纳忽必烈建策，确定绕道吐蕃（今川、青、藏交界地区），攻灭大理，为尔后南北夹攻南宋创造条件。

忽必烈于1252年九月奉命率军10万出征。次年夏进驻六盘山（在今宁夏境），八月集结于临洮（今属甘肃）。此时，蒙古大将汪德臣率部入蜀，直抵嘉定（今四川乐山），配合蒙古军主力的行动。九月，忽必烈率大军进至吐蕃忒剌（今四川松潘），兵分三路：命大将兀良合台率领西路军，越旦当岭（今云南香格里拉附近）入大理；命抄合、也只烈率领东路军，经会川（今四川会理西），以作牵制；自率中路军，力排艰险，跨过大渡河，穿行山谷2000余里，经建昌（今四川西昌）、罗共赕（今云南宁蒗），乘革囊和筏渡过金沙江，击败当地守军，降么些族（纳西族），于十二月初迫近大理城。大理城，西倚点苍山，东临洱水（今洱海），北有龙首关（今上关）为屏障，是大理国的咽喉要地。国王段兴智及权臣高祥获悉蒙古军来攻，匆忙调兵至龙首关迎战。此时，蒙古军三路先后掠过三赕（今丽江），至龙首关会师，奋力攻击，全歼大理军主力。随后以一部兵力登点苍山，大理城内王公士民大部溃

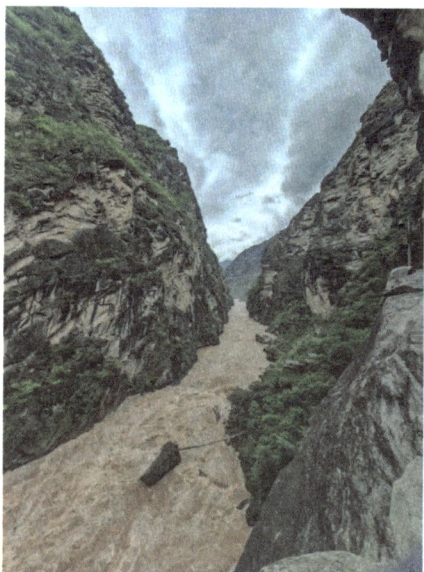

丽江

逃。是月十五，蒙古军入城。忽必烈采纳谋臣姚枢建议，下止杀令，安抚民众，稳定秩序。继又分兵攻占附近要地，俘斩高祥。1254年春，他命刘时中为宣抚使治理大理，留兀良合台继续攻取未附地区，自率部分将士班师。随后，兀良合台率军攻克善阐（今昆明），招降段兴智，并以他为先锋，进占南方诸部寨，控制大理国全境，大理国亡。

此战，忽必烈充分发挥蒙古骑兵的特长，长驱直入，征抚兼施，出奇制胜，成为中国军事史上远程奔袭的著名战例。

[三、合州之战]

南宋开庆元年（蒙古蒙哥汗九年，1259），宋将王坚率军民于合州（今重庆合川东钓鱼城）抗击蒙古军进攻的江河要塞防御战。

南宋宝祐六年（蒙古蒙哥汗八年，1258）七月，蒙古蒙哥汗率军四万，分兵

三路进攻宋四川。十二月，占领川西北大部州县，准备攻合州。时合州治所已徙至钓鱼城，城依山而筑，三面临江，易守难攻。开庆元年正月，蒙哥汗派人入城招降，被知州王坚所杀。二月，蒙哥汗亲至钓鱼城下，督军围攻。蒙古军连续进攻镇西门、东新门、奇胜门、小堡、护国门等处，均遭守城军民顽强抗击而失败，伤亡很大。六月初，宋四川制置副使吕文德率水师溯嘉陵江北上，前来救援，但至三槽山被蒙古军击退。时天气酷热，疫病流行，蒙古军战斗力大减。王坚乘机多次夜袭蒙古军营地，使其惊恐，夜不得安。初五晨，蒙古军前锋元帅汪德臣率军突破外城马军寨，单骑至钓鱼城下劝降，被城上飞石击中而死。七月二十一日，蒙哥汗亲临战地指挥受挫，二十七日，卒于军中（死因有受伤死、病死二说）。蒙古军遂撤围北还。

此战，南宋钓鱼城军民凭借有利地形，筑城设防，英勇抵抗，取得击败蒙古军的重大胜利。其经验对当时和后世防御作战都具有较大影响。

[四、襄阳、樊城之战]

蒙古至元五年（宋咸淳四年，1268）至元至元十年，元军长期围困，并最后夺取南宋重镇襄阳、樊城（今湖北襄樊）的作战。

忽必烈即蒙古汗位后，实行了统一内部、稳定后方、奖励农耕、采用汉法等政策，日益强盛。至元五年，为了攻灭南宋，采纳宋降将刘整的建议，改取蜀入江、席卷江东，为夺取襄樊、浮汉入江、直趋临安（今杭州）的新作战方略。九月，派都元帅阿术、刘整率各路兵进攻襄阳、樊城。

襄阳、樊城隔汉水相对，顺流可直入长江，是南宋的军事重镇，城高池深，粮草充足，驻有重兵防守。蒙古军针对襄樊设防情况，采取长期围困、待机攻城的战法。到七年，先后在襄阳西南30里的鹿门山、城东北10里的白河口修筑城堡，控制白河、汉水及陆路交通。又在城西10里的万山筑城以断其西路，在城南

30里的灌子滩立栅以断其东路。在樊城迎旭门外汉水中，筑实心台（今东敌台），上置弩砲，阻宋水上援军。时南宋权相贾似道把持朝政，昏庸腐败，曾与忽必烈订有割地称臣的密约，不派得力将领率兵增援。所以，虽有几路援兵，守将吕文焕也多次出击，未能改变被围困的局面。蒙古军因缺少水兵，围城不严，每当汉水上涨时，宋军仍可由水路运送物资进城。蒙古军为加强水上作战能力，练水兵7万，造战舰5000艘，切断襄樊与城外的交通。襄阳一再告急。八年六月，宋廷被迫派殿前副都指挥使范文虎率水军10万增援，未至鹿门，即被蒙古军击退。九年，城内盐柴布帛奇缺。宋军不得已暗派人到襄阳西北清泥河上游均州（今湖北均县）境内，造轻舟百艘，募勇士3000，由民兵部将张顺、张贵率领，乘五月汉水上涨，先将载有物资的船只隐蔽于白河口内，夜间，驶入汉水，途中遭蒙古水军截击，转战一夜，张顺战死。黎明，张贵才将物资运入襄阳。后张贵率军从水路接应南来的援军，遭截击全军覆没。此后，两城与外联系断绝，仅借汉水上浮桥，互相支援。

十年正月，元军采取各个击破战法，烧毁襄樊之间的浮桥，集中兵力，配以威力大、射程远的回回砲，水陆夹攻已被孤立的樊城。城破，守将牛富战死。元军转兵进攻襄阳。二月，主将吕文焕以城降，守将范天顺不屈而死。此战是元灭南宋关键性的一战。元军取胜的主要原因是作战方略正确，指挥得当，适时克服了缺乏水军的弱点，加强了作战能力。南宋失败的根本原因是朝廷腐败，救援无力。

汉水

[五、芜菁坪之战]

南宋咸淳九年（元至元十年，1273）闰六月，元东川统军合剌企图以长期围困的战法，攻取合州（今重庆合川东，治所在钓鱼城）。

嘉陵江上游

为此派兵在马鬃山、虎顶山（今重庆合川城东北15里嘉陵江两岸）修筑城堡，以便控制三江（嘉陵、渠、涪）交通，切断合州粮道。宋合州将士多主张立即夺回两地。主将张珏认为正面攻击不易成功，决定避实击虚，攻其必救。他设疑兵于嘉渠口（嘉陵江与渠江汇合处南岸），摆出反击姿态；暗率主力北渡平阳滩（今钓鱼城东），袭击位于钓鱼城北90里的元军指挥中枢所在地芜菁坪与母德彰城（今四川武胜县城附近）。宋军攻克两城后，烧毁元军粮秣、器械等大批军需物资，又乘胜到70里外焚毁其船场。元军仓促从马鬃山、虎顶山撤兵回援。宋军不战而收复两地，进一步巩固了宋军在重庆地区的防御。

[六、张珏守重庆之战]

南宋末襄阳、樊城之战后，元军主力顺江东下，直趋临安（今杭州）；与此同时，派元帅汪良臣等统兵入川钳制宋军，阻其东下增援。

南宋德祐元年（元至元十二年，1275），元军自成都南下，占领泸州（今属四川）等城后，包围重庆。但围城元军仅万人，且内部不和。当时，宋新任四川制置副使、知重庆府事张珏在合州（今重庆合川东），一面派人潜入重庆，与守将赵宝应筹划防御；一面率军出击，以解重庆之围。次年正月，他派兵袭击元军占据的青居城（今四川南充南），以钳制围城元军。二月，又用大船载兵，突入重庆，加强重庆的防御力量。四月，配合重庆守将反击元军，未能解围。六月，又里应外合，收复了元军作为后方基地的泸州，杀元将领两员，俘元军家属多人，迫使元军回兵救援，重庆之围遂解。十二月，张珏入重庆，又夺回涪州（今重庆涪陵）。当年，元军克临安，南宋恭帝出降。此后，元向四川增调军队，于至元十五年（1278）春，才攻占重庆。

［七、伯颜取临安之战］

南宋德祐元年（1275）至二年，元丞相伯颜率军攻取临安（今杭州），灭亡南宋的重要作战。

宋、蒙（元）交战多年，双方长期对峙。咸淳九年（元至元十年，1273），元军在襄阳、樊城之战中获胜，打开了南宋在长江中游的门户。次年，元世祖忽必烈命伯颜率军20万，沿长江而下取临安。十二月，攻取鄂州（今武汉武昌）。

德祐元年二月，伯颜军在丁家洲（今安徽铜陵东北）之战中大败宋军13万。三月，进占建康（今南京）。接着，遣大将阿术率兵驻瓜洲（今属江苏邗江），阻止两淮宋军南援，并派兵攻克镇江（今属江苏）、常州（今属江苏）、

张世杰

伯颜

炮轰常州城

平江（今江苏苏州）及广德（今属安徽）等地，建立了以建康为中心的南进基地。腐败的南宋朝廷向元军求和，遭拒绝后征召诸路兵马入卫临安；调兵增援吴江（今属江苏）、泗安（今浙江长兴西南）和独松关（今浙江余杭西北）。并先后夺回溧阳（今属江苏）、常州、平江等地。七月，宋将张世杰、孙虎臣等率水师列阵焦山（今属江苏镇江），与元军决战。元军水陆配合，左右夹击，以火攻大败宋军，俘获宋兵万余人、战船700余艘，张世杰率余部顺江东逃。

十一月，元军分兵三路南下，直指临安。参政阿剌罕率西路军号称10余万，自建康经溧阳、广德，向独松关进发；参政董文炳率东路军号称数十万，以水师沿江入海，向海盐（今属浙江）、澉浦（今浙江海盐西南）进发；伯颜亲率中路军万人向常州、平江进发。宋廷得知常州危急，匆忙遣军2000人救援，平江宋军也派3000人赴援，均被元军击败。十一月十六，元军炮轰常州城，伯颜亲临城南督战，激战两天，城破，守将姚訔等战死。常州之战，使宋军闻风丧胆，无锡（今属江苏）、平江守军不战而降。元西路军沿途击败宋军，先后斩杀宋兵2万余，进克独松关。东路军直抵澉浦，迫近临安。宋廷再次遣使求和，乞为属国，但伯颜不许。次年一月，三路元军抵达临安城下。张世杰等拥赵昰、赵昺二王南逃福州，谢太后遣人奉国玺及降表向元军请降。伯颜受降后又取谢太后手诏，通告未降州郡归附。三月，伯颜入临安，命阿剌罕、董文炳继续南攻，自携恭帝赵㬎、皇太后全氏及南宋宗室等北还上都（今内蒙古正蓝旗东北）。

此战，元军水陆配合，分进合击，迅速歼灭宋军主力，迫使南宋朝廷投降，对统一全国起了重要作用。

[八、忽必烈与诸王之战]

元朝前期，元世祖忽必烈讨伐北方诸王，巩固政权、维护国家统一的战争。中统元年（1260），忽必烈即蒙古大汗位。其弟阿里不哥和宗王海都、乃颜等先后与之争夺汗位，举兵反叛。于是，展开了一场长期的内战。

忽必烈即位不久，阿里不哥也于和林（今蒙古国哈尔和林）称汗，起兵南下。忽必烈遣军抵御，阿里不哥败走吉利吉思（位于今俄罗斯叶尼塞河上游）。尔后忽必烈断绝中原对漠北的物资供应，又两次率军征讨，打击了叛军力量。至元元年（1264），叛军内部分裂，阿里不哥势穷投降。

二年，海都在叶密立河（今额敏河）沿岸发展势力，拒绝入朝，进而于五年在金山（今阿尔泰山）挑起兵端。八年，忽必烈令其子那木罕同宗王昔里吉、脱脱木儿等到阿力麻里（今新疆霍城西北）镇守，加强西北防卫。昔里吉、脱脱木儿等却于十三年反叛，劫去皇子那木罕，后率军东进，逼近和林。忽必烈急召丞相伯颜统兵北征。次年八月，伯颜在鄂尔浑河（在今蒙古国境）畔大破昔里吉和脱脱木儿，后又屡挫叛军，迫使叛王于十九年降服。

二十四年，东北宗王乃颜、哈丹等结盟反叛，企图联合海都，从东、西两线夹击忽必烈。忽必烈首先遣军占据漠北要地，阻止海都与乃颜连兵；通令北京（今内蒙古宁城西北）等处宣慰司禁止与乃颜往来；又招抚从叛宗王，孤立乃颜势力。忽必烈经过充分准备后，亲率大军号称 46 万自上都（今内蒙古正蓝旗东北）前往征讨。当时，乃颜统军号称 30 万屯于合泐合河（今哈拉哈河）畔（一说辽河边），见势仓促迎战。忽必烈以汉军步兵列前冲杀，蒙古骑兵随后四面合击，大败叛军，擒杀乃颜。次年，乃颜余党复叛，忽必烈又命其孙铁穆耳统军出征，尽平东北反叛诸王。

叶尼塞河

正当忽必烈征讨乃颜之时，海都在西北频繁袭扰。忽必烈遣军讨伐，失利。二十六年，海都率军攻占和林。75 岁的忽必烈先令伯颜率兵进击，后又亲自率师征战，收复和林。时至三十一年，元军屡挫海都，收复吉利吉思等地，牢固地控制了金山南北广大地区。

此战，历时 35 年，忽必烈针对诸王各怀异志、互不联合的弱点，分割突袭，征抚兼施，逐个破敌，巩固了统一的元朝政权。

[九、鄱阳湖之战]

元至正二十三年（1363），朱元璋率军在江西鄱阳湖击败陈友谅军的大规模水上作战。

元朝末年，南方各反元武装在取得初步胜利后，相互间矛盾日趋尖锐。以应天（今南京）为统治中心的吴国公朱元璋，同以武昌为统治中心、自立为汉帝的陈友谅，辖区相邻，相互兼并，屡动干戈。至正二十三年四月二十三，陈友谅乘朱元璋率军北援安丰（今安徽寿县）红巾军、江南兵力薄弱之隙，挥师号称 60 万，取道水路，围攻洪都（今南昌）。守将朱文正奋力固守，并派人赴应天告急。朱元璋闻讯后，令朱文正继续坚守，以疲惫消耗陈军；于七月初六亲率舟师 20 万救援洪都，十六日进至鄱阳湖口。朱元璋为把陈军困于湖中，先部署一部兵力扼守泾江口和南湖嘴，切断陈

鄱阳湖

军归路；又调信州（今江西上饶）之兵守武阳渡（今南昌东），威胁陈军侧后；亲率主力进入鄱阳湖，与陈军决战。陈友谅围攻洪都 85 天不克，惊闻朱元璋来救，遂撤围移师鄱阳湖迎战。

陈友谅

　　七月二十，两军在康郎山水域相遇。次日，朱元璋见陈友谅联巨舰当前，令右丞徐达、参政常遇春等分率舟师迫近陈军，先发火炮，再射利箭，继以短兵相搏，毁陈军巨舰 20 余艘，杀伤陈军数万人。二十二日，陈友谅率全部巨舰出战。朱军因舟小，仰攻不利。下午，东北风起，朱元璋采纳部将郭兴的建议，改用火攻，命敢死士驾驶装满火具的小舟，偷袭陈军。顿时风急火烈，焚陈友谅巨舰数百艘，陈军大败，死者过半，陈友谅弟友仁、友贵等重要将领被烧死。陈军连战皆败，不敢再战。朱元璋为控扼长江水道，乘夜移军左蠡。陈友谅也移舟泊于渚矶。相持三日，陈军左、右金吾将军见大势已去，相继投降朱元璋，陈军士气更趋低落。朱元璋乘机致书陈友谅劝降。陈为泄愤，尽杀俘虏。朱元璋则放还全部俘虏，并医伤悼死，以分化瓦解陈军。为阻止陈军逃遁，朱元璋下令移军湖口，命常遇春等率舟师横截湖面，又令一部在长江两岸修筑寨栅，并置火筏于江中。八月二十六，陈军因粮食奇缺，将士饥疲，遂冒险向湖口方向突围，又陷入朱军的包围。朱军乘机四面猛攻，陈军混乱溃逃，在泾江口复遭朱军伏兵截击，陈友谅中箭身死。平章陈荣于次日率残部 5 万余人投降，太尉张定边同陈友谅子陈理逃回武昌。次年二月，陈理投降。

　　此战，朱元璋先以洪都守军拖住和消耗陈军，尔后率主力在鄱阳湖与之决战，主要依靠火攻，全歼陈军，成为中国水战史上以少胜多的著名战例，为统一江南、进而建立明王朝奠定了基础。

第二章　蒙元明

45

[十、朱元璋灭张士诚之战]

元至正二十五年（1365）至二十七年，朱元璋派军在江、浙地区攻灭张士诚军的作战。

明太祖朱元璋

至正十六年春，张士诚自高邮（今属江苏）迁都平江（今江苏苏州）后，时而降元，时而称王。为争城夺地，与朱元璋兵戎相见，连年不断。二十五年，朱元璋针对张士诚辖地南北狭长、中隔长江、兵力不便机动的弱点，采取先取江北、断其羽翼，再占浙西，后攻平江的方略，征讨张士诚。十月，朱元璋令徐达率军进攻泰州、海安（今属江苏），将张士诚军拦腰截断。然后转兵北向，于次年三、四月间攻占高邮、淮安（今属江苏）等地。八月，朱元璋乘势令徐达率军 20 万进围湖州（今属浙江），并严令禁止杀掠。张士诚派兵 6 万增援，朱军乘其立足未稳，予以分割包围。张士诚率兵往援，败退平江。十一月，湖州、杭州等地守军相继投降，朱军乘胜合围平江。张士诚困守平江近十个月，二十七年九月城破被俘。

[十一、朱元璋北上灭元之战]

元至正二十七年（1367）至二十八年，朱元璋派军北上，进克大都（今北京），灭亡元朝的战争。

元王朝末年，在红巾军等反元武装的沉重打击下，统治力量大为削弱。朱元璋在攻灭陈友谅和张士诚等江南割据政权后，迅即遣军北上灭元。至正二十七年十月十八，朱元璋召集诸将商讨灭元大计。他根据当时大都的地理形势和元朝的兵力部署，制定了"先取山东，撤其屏蔽；旋师河南，断其羽翼；拔潼关而守之，据其户槛。天下形势，入

进克大都

我掌握，然后进兵元都"（《明太祖实录》卷二十六）的方略，并命徐达为大将军、常遇春为副将军率师 25 万北征。十月二十一，徐达、常遇春等率军由应天（今南京）经镇江（今属江苏）沿运河北上。攻克沂州（今山东临沂）后，令平章韩政分兵一部攻占滕州（今山东滕县）等要地，保障侧翼安全。主力继续北进，攻占山东益都、昌乐、寿光等地，继而夺取济南及其附近州县。元顺帝令陕西等地元军速援山东，但各路元军按兵不动。

次年正月，朱元璋称帝，国号明，年号洪武。三月，徐达挥师由山东向河南进军，攻占汴梁（今开封）。四月初八，徐达军自虎牢关（今河南荥阳西北）西进，在塔儿湾（在今河南偃师县境）一举击溃托音特穆尔率领的元军 5 万，迫元梁王阿鲁温于洛阳投降。接着，徐达、常遇春分兵攻占嵩（今河南嵩县）、许（今河南许昌）、陈（今河南淮阳）、汝（今河南临汝）诸州。元潼关（今陕西潼关东北）守将李思齐、张思道闻风弃关西逃，徐达等派兵进驻潼关，又西进占领华州（今陕西华县）。

五月，朱元璋亲抵汴梁督战，并与诸将商讨下一步作战计划。徐达根据元廷外援已绝的军事形势，建议乘势直取元都，朱元璋表示同意。闰七月初一，徐达率军自中滦（今河南封丘西南）渡黄河，攻占卫辉（今河南汲县）、彰德（今河南安阳）、磁州（今河北磁县），转向山东临清，会合山东各军，沿运河继续北进，

连战皆捷。在河西务（今属天津武清）、通州（今北京通县）击败元军万余人，进逼大都。元顺帝仓皇逃往上都（今内蒙古正蓝旗东北）。徐达等率军于八月初二进占大都，元亡。尔后，徐达又乘胜西进，先后攻占了山西、陕西等地。

此战，朱元璋制定了正确的作战方略，部署周密，稳扎稳打，各个击破，因而较快地取得了胜利。

[十二、明攻灭夏蜀之战]

明洪武四年（夏开熙五年，1371），朱元璋为统一全国，派兵攻灭夏蜀的作战。

元末，农民起义军的将领明玉珍于元至正二十三年（1363）在四川建立政权，国号夏，都城重庆，史称夏蜀。二十六年，明玉珍病死，子明升继位。朱元璋在灭元后，于洪武二年派使者赴蜀招降，遭拒绝后决计用兵。四年正月初三，朱元璋命汤和为征西将军，周德兴、廖永忠为左、右副将军，统率水师，溯长江而上，攻取重庆；命傅友德为征虏前将军，统率约 10 万步骑，由陕西南下，从陆路袭取成都；命邓愈坐镇襄阳（今属湖北）督饷。夏军闻讯，由左丞相戴寿率领重兵，凭借瞿塘天险，防守长江入川要冲夔州（今四川奉节东），在江上架设铁索桥，置木石、火铳，江两岸配置大炮，作固守准备；在北面，扼守金牛（今陕西宁强北），以御明军。

三月，汤和部水师进抵夔州，初战失利，退还归州（今湖北秭归），待机而动。

瞿塘峡

傅友德率步骑，声言出金牛，暗引主力趋夏军防守薄弱的阶州（今甘肃武都西北），以5000精兵为前锋，攀山穿谷，日夜兼行，击败夏军丁世珍部，于四月初攻克阶州、文州（今甘肃文县），打开入川通道。接着，乘胜取四川龙州（今平武东南）、彰明（今江油南）、绵州（今绵阳）等地，直逼汉州（今广汉）。夏军鉴于北路军情紧迫，遂抽调扼守夔州的精锐，由戴寿统领，驰援汉州，以保成都。傅友德部在进军汉州途中，为江水所阻，遂急造船渡江。同时，为与汤和所率水师取得联系，在数千块木牌上写明攻克阶、文、龙、绵各州日期，投入江中、顺流而下。夏军见牌，军心动摇。六月初一，傅友德乘戴寿援军立足未稳，率军出击，一举攻克汉州，戴寿部败退成都。此时，朱元璋向汤和通报北路捷音，令其立即进军。汤和遣廖永忠率精兵，冒着暴涨的江水进取瞿塘关。廖永忠根据山险水急、易守难攻的情况，派数百勇士潜入上流；自率精锐，水陆并进，上下夹击，攻克夔州。尔后，廖永忠率水师，汤和率步卒，先后进抵重庆。六月二十二，夏主明升出降。七月初九，傅友德部围成都，十一日，戴寿闻重庆已失，也率部请降。之后，明军分兵攻取未附州县。

此战，明军从两个方向水陆分进合击，密切配合，突破天险，取得了胜利。

［十三、明攻取云南之战］

明洪武十四年（1381）秋至十五年春，明军消灭元朝在云南的残余势力、实现国家统一的作战。

明建国后，元梁王把匝剌瓦尔密等，继续占据云南。朱元璋先后遣使招降，均被梁王所杀。洪武十四年九月，朱元璋决意用武力攻取，命傅友德为征南将军，蓝玉、沐英为左、右副将军，率步骑30万征云南。九月二十六，明军进至湖广（约今湖北、湖南）后，兵分两路：一路由都督郭英领兵5万，经永宁（今四川叙永）南下取乌撒（今贵州威宁）；一路由傅友德率主力25万，经辰州、沅州（今湖南沅陵、芷江），占普定（今贵州安顺），直趋云南。梁王派司徒平章达里麻率兵10余万，至云南东部门户曲靖抗击。

十二月十六，明军乘大雾进抵曲靖东北之白石江。达里麻隔江相望，大为震惊。傅友德采纳沐英出奇制胜的建议，佯作正面攻击，另派兵一部从下游渡江，秘密迂回至元军侧后，在山谷间竖旗击鼓，元军顿时混乱。此时，沐英令勇士先行泅渡，主力乘势过江，又出动骑兵捣其中坚，俘获达里麻以下2万人。傅友德占领曲靖后，分遣蓝玉、沐英率军进攻昆明，自率兵数万北上，以策应郭英进攻乌撒。十二月二十二，梁王逃离昆明自杀。次日，明军进抵板桥（今昆明东），元右丞观音保出城投降，蓝玉等整军入城。与此同时，郭英率军到达赤水河，元右丞实卜引军抵抗。傅友德率兵来援，实卜闻讯仓皇南撤。傅友德军进占乌撒后，实卜复率部争夺。明军依山为营，乘势攻杀，大败元军，并克七星关（今贵州毕节西南），直达毕节，附近州县望风归降。

十五年闰二月二十三，蓝玉、沐英率部攻大理（今属云南）。大理城西倚点苍山，东临洱海，南北有上、下两关，地势险要。首领段明之弟段世，聚众扼守下关。蓝玉等到达品甸，先派王弼部由洱水进攻上关，钳制段世兵力；夜半，又遣胡海部出石门渡河，绕到点苍山后，攀援而上，竖立旗帜。次日拂晓，明军进抵下关，守军惊乱。沐英身先士卒，策马渡河，将士紧随，杀进关内，与山上士兵两面夹击，攻占大理，俘获段世。不久，明军分兵攻取了云南全境。

此战，明军正确分析判断敌情和地形，避实击虚，出其不意，较快地取得了

安顺贵阳红枫湖

胜利。

[十四、靖难之役]

明建文元年至四年（1399～1402），燕
王朱棣战胜建文帝朱允炆,夺取帝位的战争。

洪武三十一年（1398），明太祖朱元璋病
逝，皇太孙朱允炆继位，改元建文。为巩固统
治，他采纳朝臣齐泰、黄子澄的建议，实行"削
藩"，先后剥夺周、湘、齐、代、岷等诸王爵位，
派人监视燕王朱棣。建文元年七月，朱棣以"清
君侧"为名，于封地北平（今北京）起兵"靖
难"，迅速下居庸关，破怀来，取密云，克遵化、
永平（今河北卢龙）。

明成祖朱棣

建文帝闻讯，命长兴侯耿炳文为征虏大将军，统兵 30 万北征。八月，与燕
军战于滹沱河岸。朱棣遣部将张玉等率军正面突击，自率骁骑数千绕至背后夹攻。
耿炳文大败，率部退守真定（今河北正定）。朱棣攻城不克，撤回北平休整。

八月底，建文帝命曹国公李景隆取代耿炳文，领兵 50 万再次北征。九
月，朱棣得知永平受围，留世子朱高炽守北平，亲率主力援救，并乘势奇袭
大宁（今内蒙古宁城西），兼并宁王朱权所部兵马。李景隆闻燕军袭大宁，
率部攻北平，朱高炽据城固守。十一月初，朱棣回师，乘李景隆列阵不齐，
掩军冲杀，连破 7 营；又连战 3 日，大败官军，俘杀数万。李景隆残部退入山
东德州。二年四月，李景隆集兵号称 60 万，与燕军 10 万在白沟河（今河北雄
县境）会战，再次大败，丧师十余万，都督瞿能等战死。李景隆逃奔济南，
燕军进围济南城。山东参政铁铉和都督盛庸等全力抵御，迫朱棣撤兵北归。

九月，建文帝命盛庸取代李景隆，率兵第三次北征。十二月，在东昌（今山东聊城）之战中，燕军因轻敌而遭败，死伤数万，张玉战死，被迫还师北平。三年（1401）三月，两军在夹河（在今河北境）又战，燕军乘风势全线出击，俘斩官军十余万人。盛庸单骑逃德州，

靖难之役

部将吴杰、平安闻盛庸兵败，固守真定。朱棣令将士四出取粮，声称军中无备，诱吴杰、平安出城过滹沱河。闰三月，两军相遇藁城。朱棣以一部兵力牵制官军三面，亲率主力猛攻东北面，乘吴杰、平安部阵势骚动，奋力进击，歼6万余人。乘胜攻顺德（今河北邢台）、大名，诸州县望风而降。是年，双方在山东和中原地区反复争夺，互有胜负。

四年四月，燕军与官军大战于齐眉山（在今安徽灵璧境），被魏国公徐辉祖援军所败，军心浮动，将士多思北归。此时，建文帝命徐辉祖撤兵护卫京师（今南京），朱棣乘机发动反攻，杀官军2万余。接着攻克灵璧，俘平安以下将士十万余人。至此，官军主力丧失大半，盛庸被迫退守淮河南岸。五月，燕军渡淮河，取扬州、仪真（今江苏仪征）。六月初三，朱棣率主力自瓜洲（今扬州南）渡江，取镇江，进围京师。十三日，把守金川门的李景隆与谷王橞开门投降。宫中起火，建文帝下落不明。十七日，朱棣即帝位，改元永乐。

此役持续3年，建文帝缺乏谋略，任用主帅不当，致使主力不断被歼。朱棣以北平为基地，适时出击，灵活运用策略，经几次大战消灭官军主力，最后乘胜

进军，夺取京师。

［十五、明成祖远征漠北之战］

明永乐八年至二十二年（1410～1424），成祖朱棣五次亲征漠北地区蒙古贵族势力的战争。

元王朝被推翻后，皇太子爱猷识里达腊，于洪武三年（1370）继元顺帝为可汗。传数代，至明建文四年（1402），蒙古贵族鬼力赤夺位，自称可汗。从此，蒙古分裂为鞑靼、瓦剌与兀良哈等部。各部贵族经常派兵南下袭扰。朱棣为保境安民，除在任燕王时两次率军远征漠北外，称帝后又先后五次亲征。

永乐七年（1409）七月，朱棣命淇国公丘福等率军10万北征鞑靼，因轻敌冒进，全军覆没。朱棣遂决意亲征。战前，为解决供应困难，特备武刚车（一种有围有盖的战车）3万辆，运粮约20万石随军行动；沿途每十天行程存粮一批，以供返回时食用。次年二月，朱棣率军50万从北京出发。五月，抵达斡难河（今鄂嫩河），击败鞑靼首领本雅失里。随后，朱棣转兵进攻鞑靼太师阿鲁台。六月初，明军经飞云壑至静虏镇（约在今贝尔湖东南）的途中，阿鲁台率部迎战。朱棣率精骑将其击败，乘胜追击百余里，杀鞑靼名王以下百余人，阿鲁台远逃。朱棣下令班师回京。

十一年十一月，瓦剌部首领马哈木派兵向漠南逼进。次年三月，朱棣率军50万从北京出发，再次亲征。六月初到达忽兰忽失温（今蒙古人民共和国乌兰巴托东南），瓦剌军以全部兵力3万人迎战。朱棣分兵三路，以宁阳侯陈懋率部攻其右，丰城侯李彬率部攻其左，安远侯柳升率"神机营"（火器部队）攻其中。双方展开激战，明都指挥满都战死。朱棣又亲率骑兵驰击，歼瓦剌王子以下数千人，马哈木乘夜北逃。同月，明军胜利还师。

二十年三月，朱棣闻鞑靼阿鲁台大举攻兴和（今河北张北），决意第三次亲征。当明军进抵鸡鸣山（今河北怀来北）时，阿鲁台急忙北撤，避而不战。七月，明军追至阔滦海子（今呼伦湖）北岸，阿鲁台仍避战北走。朱棣遂遣兵数万进攻依附阿鲁台的兀良哈部，在屈裂儿河（今内蒙古洮儿河上游支流）斩其数百人，余众溃逃。不久，兀良哈部众复聚，朱棣挥军四面围攻，斩获过半，余部多数投降。八月，朱棣班师回京。

二十一年七月、二十二年四月，朱棣又先后两次率军北征。但阿鲁台始终避战远走，明军每次均因寻战不成而撤军。二十二年七月十八，朱棣在回师途中，病逝于榆木川（今内蒙古林西北）。

明成祖朱棣远征漠北，采取攻抚兼施、各个击破的方略，沉重打击了蒙古贵族势力，为维护国家统一作出了贡献。

［十六、土木堡之变］

明代正统十四年（1449）八月英宗朱祁镇亲征瓦剌军反被俘虏的事件。因发生在土木堡（今河北怀来东南）而命名。

正统初年，蒙古瓦剌部逐渐强大。四年，也先称太师淮王，尽有各部。正统十四年七月也先率军大举南下，攻扰宣府（今河北宣化）、大同等地。明英宗在司礼监太监王振挟持下，仓促率军五十余万亲征。八月初一到达大同，王振因前方败报踵至，惊慌失措，挥军急退。归途中，王振为了炫耀乡里，邀英宗至蔚州（今河北蔚县），

土木驿旧址

以访其家。行四十里后，又恐大军过境损坏家中庄稼，复令军队转道宣府。十三日至土木堡，诸将计议入怀来城据守，但王振以辎重车千余辆未至，不肯听从，下令就地宿营，遂被瓦剌军包围。土木堡旁无水泉，明军将士饥渴，疲惫不堪。十五日，也先遣使议和，英宗应许。瓦剌军诈退，王振立即传令移营就水，明军逾越壕堑而出，阵势混乱。南行未及三四里，瓦剌军发动四面围攻，劲骑呼啸而入。明军大溃。英宗突围未成，被掳北去。扈从大臣英国公张辅、兵部尚书邝埜、户部尚书王佐等五六十人被杀。王振也在乱军中被护卫将军樊忠以长锤击死。明军死亡过半，骡马二十余万匹与大量衣甲、器械、辎重尽为也先所得。

[十七、明保卫京师之战]

明正统十四年（1449）十月，明军在京师（今北京）击败蒙古瓦剌军进攻的都城保卫战。

十四年八月，明军在土木堡之战中遭到瓦剌军袭击，全军溃败，英宗朱祁镇被俘。不久，瓦剌军首领也先即率军大举进攻京师。当时，明廷无主，京师守军不足10万，人心震恐，形势危急。侍讲徐珵主张迁都；兵部左侍郎于谦则建言：京师天下根本，一动大势尽去，应速调河南、山东等地将士入援。这一主张，得到皇太后和居守京师的皇弟郕王朱祁钰的赞同。八月十八，朱祁钰监国（九月初六即帝位，是为景泰帝），随即任命于谦为兵部尚书，

于谦

指挥军民守城。于谦立即调遣将士严守长城关隘，荐举京师三大营（五军营、神机营、三千营）主将，迅速扩充军队，赶运、修制兵器，加强城防，筹措军粮，整肃军纪，缉拿奸细，激励士气，誓师坚守京城。

十月初一，瓦剌军分路南下。东路2万人入古北口，以钳制明军；西路10

万人由也先亲率，挟持英宗，经大同（今属山西）、阳和（今山西阳高），进占白羊口（今山西天镇北），攻占紫荆关，直逼京城。这时，于谦拒绝单纯守城的主张，决心在城外迎击瓦剌军，遂以一部兵力守城，将22万大军列阵京城九门之外，并与京师总兵石亨亲临德胜门外督阵。

十一日，也先以主力列阵西直门，欲行决战。明军避其锋芒，不断以小队袭击，屡有斩获。当晚，明军在彰义门又偷袭瓦剌军营获胜。也先见明军严阵抵抗，便施议和之计，诱于谦和石亨等到瓦剌军营迎接英宗，企图将他们擒获，使明军不战而溃，其计被于谦识破。十三日，瓦剌军主力转攻德胜门。于谦即令小队精骑迎战，诱瓦剌军进至设伏地区。副总兵范广指挥神机营发射火铳、火箭，瓦剌军阵势大乱。石亨率五军营乘势冲入敌阵。瓦剌军仓皇溃退，也先弟孛罗、平章卯那孩等中炮身死。随后，瓦剌军又转攻西直门。城外守军力战不支，城上发炮助战，石亨派军增援，再次击退瓦剌军。次日，防守彰义门的明军也多次出击，挫败瓦剌军的进攻。与此同时，京城附近州县的民众，也纷纷拿起武器，配合明军抗击瓦剌军，使其陷于四面受敌的困境。也先惧怕久战粮草不济，归路被截，于十五日下令乘夜撤退。明军乘胜追击至固安（今属河北）、霸州（今河北霸县），杀伤瓦剌军万余，俘其将领阿归等48人，夺回被掠人畜无数。十一月初，瓦剌军退往塞外。

此战，明军面对危局，迅速备战，军民互相配合，依托坚固城防，积极歼敌于城外，取得了京师保卫战的重大胜利。

［十八、明东南沿海抗倭战争］

明嘉靖二十六年至四十五年（1547 ~ 1566），明朝军民在东南沿海抗击倭寇入侵、取得重大胜利的战争。

历史背景　14世纪，日本处于南北朝时期，在国内战争中溃败的武士，流亡

海岛，勾结海商和失业流民组成海盗集团，窜犯中国今辽宁沿海，并渐次南移。由于明廷厉行海禁，派遣信国公汤和、江夏侯周德兴等将领在东南沿海筑城设卫，整饬海防，倭寇未成大患。15世纪后期，日本进入战国时代，封建主和寺院大地主为扩充实力，弥补内战损失，怂恿、支持海盗活动，因而倭寇逐渐猖獗。16世纪，特别是嘉靖年间，明廷内政日趋腐败，沿海卫所空虚，军备废弛。倭寇乘机与少数奸商相勾结，窜犯今山东、江苏、浙江、福建、广东沿海，占据岛屿，攻城略地，深入久踞。倭寇所到之处，烧杀掳掠，无恶不作，给沿海民众带来深重灾难，成为明朝的严重祸患。沿海民众不甘倭寇侵略，奋起抗击。在民众抗倭斗争推动下，明军展开了一场长期的、卓有成效的抗倭战争。

主要经过 嘉靖二十六年，入侵浙、闽沿海的倭寇，出没无常，当地守军互不相统，难以抵御。明廷命朱纨为浙江巡抚兼提督浙、闽海防军务。他统一部署浙、闽海防，征调战船40余艘，分布沿海，还采用封锁手段，禁止商船下海，严立保甲制度，搜捕、严惩勾结倭寇的内贼，孤立倭寇。二十七年四月，朱纨遣福建都指挥佥事卢镗乘夜暗不良天候，率军围剿双屿港（今浙江宁波东），斩杀和溺死海盗数百人，擒获勾结倭寇的海盗首领许栋。朱纨力挫倭寇，然因打击了勾结倭寇的官僚、地主、商人，被诬陷罢职，忧愤自杀，卢镗也被陷入狱。

三十一年，明廷先后命王忬和张经总督浙、闽军务。他们重用俞大猷、汤克宽，释放卢镗等抗倭名将，编练水军，请调援军，水陆军密切配合，抗击倭寇。三十二年三月，王忬遣参将俞大猷、汤克宽等率舟师夜袭普陀山（在今浙江普陀县境），先火攻，后肉搏，俘斩倭寇数百人。与此同时，沿海民众也积极投入抗倭斗争。次年，倭寇数百人在定海（今属浙江）金家岙登陆，乡民杨一率众与倭寇激战海涂，将其打败。三十四年四月底，倭寇4000余人，从柘林（今上海奉贤南）突袭嘉兴（今属浙江）。张经遣副总兵俞大猷和参将卢镗、汤克宽等，率水陆军联合抗击。五月初，倭寇进至王江泾（今嘉兴北），汤克宽率水师由中间出击，俞大猷和卢镗率军前后夹击，斩倭1980余名。明军乘胜追击，在苏州平望、陆泾坝又歼逃倭千人。

[十九、平壤之战]

明万历二十一年（1593），中国和朝鲜两国联军在平壤围歼日军的攻坚战。

丰臣秀吉

万历二十年，日本太政大臣丰臣秀吉发兵进攻朝鲜，侵占平壤。明廷应朝鲜国王李昖的请求，命李如松为提督，率兵4万余援朝抗日。次年一月初六，中、朝联军5万余进围平壤。日将小西行长率军2.4万余凭坚据守。李如松采用三面围攻、东面设伏的作战部署，令游击吴惟忠率部佯攻城北牡丹峰，副将祖承训率部乔装朝军偕同朝军李镒部助攻城南含球门，副将杨元、李如柏率部主攻城西门。初八拂晓，联军攻城。祖承训部卸装露明军衣甲，日军大惊，急速调兵堵截。杨元、李如柏乘机攻入西门。激战至中午，三面城破，小西行长率残部连夜过大同江东逃，沿途又遭联军伏兵击杀。此战，毙日军万余，迫使日军退缩东南沿海一隅，从而扭转了朝鲜战局。

[二十、露梁海战]

明万历二十六年（1598），中国和朝鲜两国联军水师，在朝鲜露梁海域围歼侵朝日军的海上大战。露梁海战区，在朝鲜莲台山和南海岛之间的露梁津海峡以西、光阳湾以东的海域。它处于顺天通往对马岛的海上要冲。

万历二十年至二十五年，日本太政大臣丰臣秀吉，为实现其吞并朝鲜和中国的野心，两次发兵侵犯朝鲜。明廷应朝鲜国王李昖的请求，两度派兵支援其抗日。中朝联军协同作战，经过平壤、樱山等战，将日军压缩、围困于朝鲜东南沿海的蔚山、泗川、顺天等地。

二十六年十月，联军水师获悉日军遵丰臣秀吉遗嘱准备撤退，迅速调整部署，将水师 2.6 万人、战船 800 只从古今岛移至左水营，占领猫岛，封锁光阳湾，控制露梁津海峡，决心围歼顺天的日军。十一月十一日起，日将小西行长多次率军企图从顺天强行突围，均被联军击败，遂向联军求和，遭拒绝后，向泗川的日将岛津义弘求援。十八日，岛津义弘率军万余、战船 500 余只，约同南海、固城等地日军分头赴援。联军水师侦悉后，立即决定先打援军。中国水军提督陈璘，急遣副将邓子龙率兵千人隐伏于露梁津海峡北侧，自率主力泊于竹岛及水门洞港湾；朝鲜水军统制使李舜臣率部隐伏于观音浦。十九日凌晨，日援军舰船进入伏击海域，联军突然发起猛攻，日军大乱，慌忙逃向观音浦。时已破晓，日军发现前有伏兵，乃回军，又遭邓子龙部拦截。这时，陈璘亲率主力与李舜臣部两面夹击。联军水兵奋勇争先，跃上日舰，白刃相搏。日军猛烈反扑。68 岁的老将邓子龙急率 200 名壮士跃上朝鲜舟，与日军搏斗，力战牺牲。中国水军副将陈蚕率师驶至，继续拼搏。联军相互支援，愈战愈勇，日军不支，向南溃逃。李舜臣追至南海界，激战中阵亡。联军放喷火筒焚毁日船，日军伤亡惨重。二十日，联军追至南海，歼灭日军大部，岛津义弘率 50 余只战船逃脱。次日，陈璘急率水师至曳桥，焚毁南逃的小西行长部战船百余只。小西行长乘隙率余部逃脱。

此战，中朝联军密切协同，以伏击、夹击和火攻取胜，为朝鲜抗日战争的最后胜利奠定了基础。

[二十一、萨尔浒之战]

明万历四十七年（后金天命四年，1619）春，后金军在萨尔浒山（今辽宁抚顺东）及其附近地区，集中兵力击败明军进攻的著名反击战。

万历四十四年春，努尔哈赤建立后金政权。四十六年，举兵反抗明朝统治，先后攻克抚顺、清河（今抚顺东南）等城堡。明廷为镇压后金势力，从各地征调

萨尔浒之战

兵马，连同朝鲜李王朝兵在内共 11 万余人，号称 24 万（一作 47 万），未及休整，即于四十七年二月十一在辽阳誓师，兵分四路合击后金都城赫图阿拉（今辽宁新宾老城）。北路由总兵马林率领，自开原出三岔口；西路为主力，由总兵杜松率领，自沈阳出抚顺关；西南路由总兵李如柏率领，自清河出鸦鹘关；南路由总兵刘綎率领，会合朝鲜兵，出宽奠（今宽甸）。辽东经略杨镐坐镇沈阳指挥。

努尔哈赤探悉明军分进合击的企图后，决定采取"凭尔几路来，我只一路去"（《明史纪事本末补遗·辽左兵端》）的对策，集中八旗军精锐 6 万余人，先破明西路军，以少量兵力抵御其余三路，尔后相机各个击破。

三月初一，明西路军突出冒进，通过萨尔浒山谷时，后队遭到后金军伏击。杜松乃分兵为二，留大部在萨尔浒扎营，自率一部攻界凡城（萨尔浒山东北）。傍晚，努尔哈赤侦知杜松部兵力分散，阵势混乱，即派大贝勒代善、四贝勒皇太极等率两旗兵至界凡阻击杜松，自率六旗兵猛攻萨尔浒明军大营，予以歼灭。得胜后，努尔哈赤挥师转向界凡，与代善、皇太极等合击明军，杜松战死，明西路军覆没。初一晚，明北路军到达尚间崖和飞芬山（萨尔浒山西北），闻杜松败，乃就地扎营。次日晨，后金军乘其分兵防御，逐点围攻。明北路军大败，副将麻岩战死，总兵马林只身逃回开原。初三，努尔哈赤得知明南路军抵达阿布达里冈，北距赫图阿拉约 50 里，便自率 4000 人守卫都城，命众贝勒率主力日夜兼程奔赴南线迎战刘撄部。初四，代善令士兵乔装明军，接近刘撄兵营，突然发动猛攻；同时，皇太极自山上驰下奋击。刘撄战死，部众被歼。初五，朝鲜兵在富察战败，投降后金军。杨镐惊悉三路丧师，急令西南路李如柏部火速撤退。该部在逃回途中，自相践踏死伤千余人。

此战，明军仓促出师，分散兵力，互不联系，被各个击破；后金军及时探明敌情，把握战机，集中兵力，逐路围歼，连续作战，五天内歼灭明军约6万人，为尔后进取辽东创造了有利条件，成为中国战争史上集中兵力、各个破敌的著名战例。

［二十二、宁远之战］

明朝天启六年（后金天命十一年，1626）正月，明朝名将袁崇焕率宁远（今辽宁兴城）军民击败后金汗努尔哈赤进攻的城邑保卫战。

天启三年九月，袁崇焕率兵驻防宁远。为防后金来攻，抓紧练兵屯田，并修建、加固城池，使宁远城成为控制辽西走廊、屏障山海关的军事重镇。十月，明廷用高第为辽东经略。高第命关外明军拆除防御设施，撤入山海关内。袁崇焕不从，表示誓守宁远。

六年正月，努尔哈赤亲率八旗军约6万人（号称13万）围攻宁远。时宁远已成孤城。袁崇焕采取坚壁清野之策，动员城外商民入城；派总兵满桂等分守四面，自己提督全城；稽查奸细，并号召全城军民共同守城。廿四日晨，后金军攻城。袁崇焕率领军民奋勇抵御，命发西洋大炮轰击；又缚柴浇油并掺火药，用铁索垂至城下燃烧；选健丁缒城，用棉花火药等物将抵近城下的后金战车全部烧毁。战至深夜，城池岿然不动。次日，

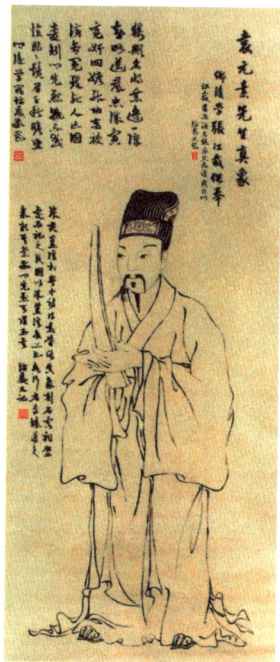

袁崇焕

努尔哈赤继续指挥攻城，因明军西洋大炮威力很大，无法靠近，下令后撤，离城五里扎营。廿六日，后金军再攻，又被击退，伤亡甚重，被迫撤军。努尔哈赤经此兵败，郁愤而死（一说因炮伤）。

此战，袁崇焕组织军民坚壁清野，铲除奸细，绝后金耳目，凭借坚城大炮，配以火攻，杀伤后金军 1.7 万人，是后金（清）与明战争中明军的一次大捷。

[二十三、后金攻明京畿之战]

皇太极

明天启七年（后金天聪元年，1627），后金汗皇太极率军攻宁远（今辽宁兴城）、锦州（今属辽宁）受挫。崇祯二年（1629）十月，皇太极率军号称 10 余万，避开宁远、锦州，分兵三路从龙井关、洪山口、大安口突入关内，攻占遵化（今属河北），直逼京师（今北京）。

明廷急令各地兵马驰援。督师袁崇焕统领诸路援军，阻后金军于广渠、德胜等门外。皇太极进攻受挫，遂施反间计，中伤袁崇焕。崇祯帝中计，于十二月初将袁下狱。援军军心动摇，总兵祖大寿还师宁远。皇太极乘机夜袭卢沟桥，斩明军副总兵申甫以下约 7000 人，继而击败明援军 4 万于永定门外，明总兵满桂，孙祖寿战死。三年初，皇太极挥戈东进，连克数城，分兵驻守遵化、滦州（今河北滦县）、永平（今河北卢龙）、迁安（今属河北），自率主力返回都城沈阳。

［二十四、松山、锦州之战］

明朝崇祯十三年至十五年（1640～1642），明军与清军在松山（今辽宁凌海南）、锦州（今属辽宁）一带进行的决战。

崇祯十三年，清太宗皇太极为打通辽西入关通道，扫清入主中原的道路，命济尔哈朗等率军进围锦州，掘壕垒墙，以作长久围困计。次年春，明廷命蓟辽总督洪承畴率八镇总兵，共13万大军救援锦州。七月，洪承畴驻屯松山。环城结步兵大营7座，营外掘长壕，树木栅护卫，骑兵驻于松山东、西、北三面，防御甚严。八月初，明、清两军交战，清军受挫。十九日，皇太极亲领大军至松山督战，于松山与杏山之间布军，切断两城间的通道。二十日，清军夺取明军在笔架山（今锦州南）储备粮12垛。又从锦州西往南直至海口掘三

洪承畴

道大壕，包围明军。次日，洪承畴突围失败，加上粮草断绝，军心动摇。王朴、吴三桂等总兵率部相继溃逃，遭清军截击，死伤惨重。洪承畴撤回松山城坚守。十五年二月，清军依靠内应破城，俘洪承畴，皇太极命押至沈阳，诱其降清。三月，锦州守将祖大寿率部出降。不久，清军又连下塔山、杏山两城。此役持续两年多，清军取得最后胜利。关外明军精锐损失殆尽，苦心构筑的宁（远）锦（州）防线彻底崩溃。

［二十五、李自成攻洛阳之战］

明崇祯十四年（1641），李自成率领农民起义军攻占河南军事重镇洛阳的作战。

崇祯帝

福王朱常洵

十三年冬，张献忠率农民军转战四川，把明军主力钳制在四川、湖广（约今湖南、湖北）地区。李自成乘中原明军兵力空虚之机，率部由郧阳（今湖北郧县）迂回进入河南，连克永宁（今洛宁）、宜阳、新安等十余城，对洛阳形成包围之势。明廷闻讯，急令参政王胤昌、总兵王绍禹率兵前往加强防守。次年正月，李自成指挥数十万大军，四面环攻洛阳城。后又集中兵力猛攻城西北角。经两天激战，守军不支，王绍禹所部数百名士卒于二十日夜起义，绑缚王胤昌，开北门迎农民军入城。福王朱常洵被擒杀。此战，打乱了明王朝的军事部署，为农民军的迅速发展创造了条件。

[二十六、李自成与明军朱仙镇之战]

明崇祯十五年（1642），李自成率领农民起义军，在河南朱仙镇地区同明军进行的一次决战。

十五年三月，李自成率农民军在河南东部连克城邑十余座，于四月二十四复围河南开封。明廷起用侯恂为兵部侍郎，负责山东、河南、湖北军务；令陕西总督孙传庭迅速出关增援河南；又令督师丁启睿、总督杨文岳及总兵左良玉等率师约20万、炮车万辆驰援开封。六月下旬，丁启睿等率领的明军到达开封西南45里的朱仙镇。李自成留小部兵力继续攻城，钳制城内明军；自率主力占领朱仙镇西面的有利地形，打击明援军。激战数日，左部见农民军势盛，乘夜逃遁，各路明军也相继溃退。李自成立即派精锐部队绕道截击。左部刚退走80里，李自成即挥军前堵后追，继而发起猛攻，左部阵势大乱，纷纷堕入起义军事先挖掘的深沟，相互践踏，死伤惨重。农民军获降卒数万。此战，李自成临机应变，围城打援，击败明军主力，为夺取中原奠定了基础。

李自成进北京

[二十七、汝州之战]

明崇祯十六年（1643），李自成领导的农民起义军与明军主力在汝州（今河南临汝）地区进行的一次决战。

大顺政权"工政府屯田清吏司契"印文

十六年五月，李自成攻占今湖北、河南大部地区后，拥兵号百万。遂于襄阳（今属湖北）集议推翻明王朝的作战计划，决定先取关中，再攻山西，然后直逼京师（今北京）。此时，明帝朱由检任命孙传庭为兵部尚书，调集河南、湖广（约今湖南、湖北）、四川等七省明军约10余万，分进河南，向农民军发动进攻。李自成闻讯，立即改变部署，派兵一部往阌乡（今河南灵宝西）迎战，诱明军主力至河南中部决战。同时，为阻击四川明军进入河南，又在内乡县一带加强防守，掩护翼侧的安全。

八月初十，孙传庭率师抵阌乡。农民军且战且退，先走陕州（今三门峡西北），再退渑池，接着又经洛阳向郏县、襄城转移。九月初八，明军进抵汝州，农民军都尉李养纯叛降。孙传庭根据其提供的情报，立即命主力进逼襄城，于十四日进至郏县西南；同时，派兵一部从间道袭陷宝丰和唐县（今唐河），血腥屠杀农民军及其眷属。农民军为创造歼敌条件，一面在郏县、襄城之间，依托深沟高垒，坚守不战，以疲惫明军；一面派出精锐，袭取汝州西北数十里的白沙，切断明军粮道。时逢连旬大雨，道路泥泞，明军运输困难，粮食奇缺，军心慌乱。二十一日，汝州的明军发生哗变。孙传庭不得已遣一部在后掩护，自率大部回洛阳筹粮。但前军一动，后军更加恐慌，纷纷逃散。李自成乘机挥师杀向明军。次日，农民军骑兵与步兵密切配合，在汝州、郏县一带包围明军，展开激战。明军用来专门对付农民军骑兵的"火车营"，首先仓皇溃退，3万辆载有火炮、甲仗的战车丢弃在路上，挡住了退路。农民军奋勇冲杀，昼夜追击，直达黄河边的孟津，歼灭明军4万余，缴获大量兵器。孙传庭只率少数随从渡黄河转趋潼关。此战，李自成先退一步，诱敌深入，巧择战机，一举歼灭明军主力，为尔后推翻明王朝奠定了基础。

[二十八、张献忠取四川之战]

明崇祯十六年（1643）至十七年，张献忠率领农民起义军攻取四川，建立大西政权的作战。

他起兵后，曾率农民起义军入川流动作战。十六年十二月，他为建立基地，再次率领马步水军数十万，由武昌经岳州（今湖南岳阳）入四川，在巫山击败守将曾英部及明援兵。次年二月到达万县，待机西进。四月，水陆并进，直奔重庆。原四川巡抚陈士奇在重庆东南的铜锣峡设重兵固守。张献忠采取声东击西的战法，令部分水军与明军交战，自率精骑迂回其侧后，两面夹击，先后攻克佛图关（今重庆西南）、铜锣峡，进抵重庆城下。令勇士凿穴爆破，打开通路，六月二十一攻克重庆。七月初四，乘胜率军直趋成都，沿途州县望风迎降。八月初九，攻占成都。尔后，分兵攻取未附州、县。十一月十六，张献忠在成都称帝，国号大西，年号大顺，改成都为西京。

张献忠铸"西王赏功"铜币

[二十九、江阴军民抗清之战]

清顺治二年（1645），江阴（今属江苏）军民抗击清军围攻、坚持81天的城邑守卫战。

顺治元年，清军入山海关。次年四年，长驱南下，攻占扬州，五月，占领南京。清军所到之处，强制推行"留头不留发，留发不留头"（清人韩菼著《江阴城守纪》，后引文同）的剃发令。六月二十八，清江阴知县方亨强迫百姓剃发，激起民众的强烈反对。县诸生许用等人疾呼"头可断，发决不可剃"，民众响应者达数十万人。众推县典史陈明遇为首领，组织义军，杀方亨，斩清差，捕坐探，据城抗清，从闰六月初五起还多次打退小股清军的进攻。

闰六月二十一，清贝勒、大将博洛派重兵，命降将刘良佐等指挥包围江阴城，并四处捕杀城外义兵，企图断绝城内军民外援。时居城东砂山的江阴县前任典史阎应元，应陈明遇邀请，于七月初八入城，被推为城主和义军首领。阎应元为人严正，富有军事才能，曾抗海盗立功，深孚众望。阎、陈通力合作，整饬队伍，发放武器，筹措粮饷，祭旗发令，誓死守城。

七月十一，清军攻北门，派敢死士架云梯登城，被义军刺死和烧死过半。次日，清军3万同时从10处架云梯登城，又被义军击退。阎应元令军民赶制小弩、火砖、火球、火箭、木铳和挝弩等守城武器，准备抗击清军更大规模的进攻。七月十四，义军利用清军劝降之机，派出百余名壮士，以奉送"降礼"为名，暗携火器进入清军营帐，炸死清军官兵2000余人。七月十七，义军千人乘夜缒城出南门，突入敌营，袭杀清兵千余人，凯旋归城。

多尔衮

博洛对江阴久攻不破大为恼怒，急令增调军队和大炮，总兵力号称24万（一说数万人）。七月二十日起，清军连续炮击十余日，城垣多处崩裂。守城军民边修城、边作战。阎应元右臂负伤乃率众格杀，并亲自操炮，弹中清军将台，毙伤多人。清廷摄政王多尔衮和豫王多铎，传书劝降，义军在其书后写上"愿受炮打，宁死不降"射还。八月二十，清军在城外花家坝用200门大炮，专轰城东北角。次日，降暴雨，清军以狼烟和炮火掩护，渡过护城河，蜂拥入城。阎应元、陈明遇等率领义军奋勇巷战，斩杀清兵数千，最后全部壮烈牺牲。博洛下令屠城，幸存者仅有老小53口。

此战，江阴军民同仇敌忾，宁死不屈，城内死难者约9.7万人，击杀清军数万人，重挫其锐气，钳制了清军主力南下，推动了各地的抗清斗争。

[三十、郑成功收复台湾]

清顺治十八年（南明永历十五年，1661），郑成功率军驱逐荷兰殖民者、收复中国领土台湾的大规模渡海登陆作战。

台湾，东汉、三国时称夷洲，隋称流求，历来是中国领土。三国时吴国和隋朝都曾派官员到台湾。南宋时台湾归福建泉州晋江县管辖，元朝设澎湖巡检司统管，明万历年间改称台湾。长期以来，高山族和汉族民众对开发台湾都作出了贡献。

明天启二年（1622），荷兰殖民机构东印度公司（驻今印度尼西亚）派军舰到台湾窥察港口。次年荷舰复至，并派兵50人在岛上筑堡，遭当地民众袭击退走。四年，荷军指挥官宋克率舰13艘，侵占台湾西南部。后筑台湾城（荷称热兰遮城，今台南西安平镇）与赤嵌城（荷称普罗文查城，今台南）。崇祯十五年（1642），荷军击败侵占鸡笼（今基隆）、淡水等地的西班牙殖民军，又夺占台湾北部。荷兰殖民者在台湾实行军事镇压、政治分治、经济掠夺，并以台湾为基地在沿海劫商掠货，俘获华人为奴。台湾人民不堪殖民统治，以各种形式进行反抗。清顺治九年（1652），台湾人郭怀一领导起义群众1.6万人抗荷，历时15天遭镇压，郭怀一及部众1800余人被荷军杀戮。殖民者的暴行，激起台湾人民的仇恨和反抗。

顺治十四年，郑芝龙旧部、充当荷兰翻译的何廷斌（又名何斌）从台湾到厦门，劝郑成功收复台湾。十六年，何廷斌向郑成功献台湾地图。郑军因忙于休整和抵御清军南下，未定进军台湾之事。十八年（1661）正月，郑成功在厦门召开军事会议，决计收复台湾，作为抗清基地。郑军抓紧检修战船，筹措军火军粮；探测航道，

侦察敌情，对外封锁消息。郑成功命部将洪旭、黄廷等辅佐长子郑经留守金门、厦门；将渡海登陆官兵集结在船，严加管束，听令待发。

三月二十三，郑成功乘侵台荷军兵力薄弱（千余人）及其援军受季风影响难以赴台之机，亲率将士2.5万人、战船数百艘为第一批，在何廷斌和熟悉航路的渔民引导下，由金门料罗湾出发，次日至澎湖，遇风待机。三十日夜，郑军由澎湖起航，四月初二晨抵荷军疏于防守的鹿耳门港（今台南安平港北）外。郑成功乘中午满潮，率师通过道纤水浅的北航道，驶入鹿耳门港，令水兵4000人抢占北线尾岛，全歼荷军守兵；自率主力通过大海湾，直插禾寮港，在岛上数千同胞接应下上岸。荷兰殖民总督揆一多次组织反扑。在海上，荷舰4艘攻击北线尾岛外郑军。郑成功遣部将陈广、陈冲等率战船60艘包围荷舰，以炮火击沉荷主舰"赫克托"号，以火船烧毁荷船"格拉斯兰"号。在陆上，揆一遣汤马斯·贝德尔上尉率鸟铳兵240人，袭击登上北线尾岛的郑军。郑军将领陈泽以兵800迂回侧后，重创上岛之荷兵。

四月初三，郑成功乘胜扩大战果，集兵1.2万包围赤嵌城，断城内水源，在城周布设火器，对荷军形成军事威慑。遣送俘获的赤嵌守军头目描难实叮之弟夫妇回城劝降。初四，描难实叮率众出降。郑成功予以厚待，又派描难实叮去荷兰总督及评议会所在地台湾城招降揆一。初六，揆一遣描难实叮见郑成功，许以赔款换郑军撤走，被严词拒绝。次日，郑军主力移师一鲲身，威逼台湾城。揆一凭借坚城利炮和守兵千人，拒绝投降。二十四日，郑成功以台湾城孤，遂改攻城为围困待降；同时分兵收复岛上其他失地。五月，改赤嵌为东都明京，设承天府和天兴、万年两县，改台湾城为安平镇。又下屯垦令解决军需，严肃军纪，到高山族同胞居住区察访、慰问。在郑成功优俘政策感召下，荷军中黑人士兵亦倒戈降附助战。郑军未到之鸡笼、淡水等地，台湾同胞自动拿起武器驱逐荷军。

荷兰东印度公司为挽回败局，派海军统领雅科布·卡宇率舰船12艘、士兵720人增援台湾，于闰七月二十三与揆一合兵攻郑军。双方激战半个时辰，郑军将领陈泽、陈继美等率部击毁荷船2艘，俘荷船艇5只，击杀艇长以下130余人，卡宇败逃，台湾城荷军遂处粮尽援绝的困境。十月初一，揆一再次向巴达维亚求援。荷兰殖民者复命卡宇为司令、康斯丁·诺贝尔为副司令率兵救援，又被郑军击退。

台湾城被围困 8 个月后，第二批郑军登陆。十二月初六，郑成功下令炮轰台湾城外重要据点乌得勒支堡，发射炮弹 2500 余发，当晚破城。龟缩台湾城内的荷军残余 600 余人，由于伤残、疾病，几乎丧失战斗力。荷兰殖民评议会召开紧急会议，决定愿在优惠条件下交出城堡。十二月十三（1662 年 2 月 1 日），揆一代表荷方在投降书上签字。至此，被荷兰殖民者侵占达 38 年之久的台湾回归中国。

郑成功收复中国领土台湾，得到台湾同胞的支持；在作战指导上，能正确选择战机和打击方向，利用季风、潮汐出敌不意登陆；同时，以军事打击与政治瓦解相配合，终获全胜。它是中国历史上大规模渡海登陆作战的成功范例，在中华民族反抗外来侵略史上写下了光辉的一页。

第三章 清

［一、清平定三藩之乱］

清康熙十二年（1673）至二十年，清廷平定藩王吴三桂发动的叛乱、维护国家统一的战争。

清初，平西王吴三桂、平南王尚可喜、靖南王耿精忠，统称"三藩"。他们各拥重兵，分镇于云南、广东、福建，逐步形成强大的割据势力。康熙十二年八月，清廷下令撤藩。蓄谋已久、势力最大的吴三桂于十一月发动叛乱，先后夺取贵州、湖南、四川。耿精忠和陕西提督王辅臣、尚可喜之子尚之信等相继举兵响应，战乱逐渐扩大，对清廷形成严重威胁。

吴三桂叛乱之初，清军处处设防，屡战失利。康熙帝面对危局，排除朝廷内部的议和主张，乘吴三桂主力在湖南与清军隔长江相持之际，紧急调整部署，派重兵坚守长江沿线要地和江西重镇南昌、赣州等地，以浙、赣为东线，以陕、甘为西线，分而制之。同时，重用汉将张勇、赵良栋等，鼓励汉兵立功，并针对叛

军内部矛盾，采取剿抚兼施的策略，竭力分化、瓦解叛军。

在西线，清廷针对王辅臣动摇不定，一面遣军分路进讨，收复兰州、秦州（今甘肃天水）等地；一面反复致书规劝，促其反正。十五年春，抚远大将军图海挥军击退吴三桂自汉中北攻陕、甘之师，将王辅臣围困于平凉（今属甘肃）。六月，王被迫归降，清廷诏复其官，并授予靖寇将军。此举，动摇了其他叛将，使西线叛军相继瓦解，从而打破了吴三桂与王辅臣合军，东出潼关，夺取中原的企图。

在东线，耿精忠部攻江西、犯浙江，吴三桂从湖南策应。清定远平寇大将军岳乐、扬威大将军喇布出师江西，收复萍乡、吉安等要地，将吴军主力阻于湖南，不得与耿军会合；奉命大将军杰书挥军收复浙江金华，攻破仙霞关（今浙江江山南），直逼福州，迫使耿精忠于十月归降。继而，杰书遣师南进，收复潮州（今属广东）。叛军开始瓦解，尚之信不满吴三桂节制，在清廷招抚下，于十六年五月归附。

吴三桂势孤力单，地盘日蹙，为鼓舞士气，于十七年三月在衡州（今湖南衡阳）称帝。八月病死，其孙吴世璠继位，退往贵阳。安远靖寇大将军察尼趁机以水陆军进取岳州（今湖南岳阳），攻克辰龙关；岳乐率师深入湖南，复长沙，克武冈，占沅州（今芷江）；喇布率师复衡州；同时，清将傅宏烈等部，在广东清军支援下收复桂林；陕、甘清军分路南下，收复汉中、重庆、成都。十九年十月，吴世璠再逃昆明。清军在将军赵良栋、大将军彰泰、赖塔率领下，从蜀、黔、桂三路挺进云南，二十年十月攻破昆明，吴世璠兵败自杀，残部 6700 余人投降。至此，延续八年之久的三藩之乱被平定。

此战，康熙帝先翦两翼，再捣腹心，剿抚兼施，逐个击破，削平三藩，加强了中央集权，维护了国家统一。

[二、雅克萨之战]

清康熙二十四年至二十六年（1685～1687），中国军民驱逐沙俄侵略军、收复领土雅克萨的两次重要作战。

明末清初，沙俄开始侵入中国黑龙江流域，先后强占雅克萨和尼布楚（在今俄罗斯境内）两城，残杀中国居民。清廷多次要求其退出，均遭拒绝，遂决定以武力予以驱逐。

二十四年，康熙帝派都统彭春、副都统班达尔善率八旗兵和福建藤牌兵组成的

尼布楚条约

水陆军队，会同黑龙江将军萨布素围攻雅克萨。清军击退沙俄援军，用火炮攻城，沙俄军投降，清军毁城还师。不久，沙俄军又重新侵入雅克萨旧址，筑城盘踞。康熙帝得知，命萨布素等率军再围雅克萨。萨布素勒令沙俄军投降，侵略军头目托尔布津不予理睬。二十五年六月，清军开始攻城，从城北用大炮轰击，步骑从南面猛攻，并断绝城内水源。激战数天，毙托尔布津以下百余人。余敌死守待援。清军于城南、北、东三面掘壕筑垒，于城西河面驻泊战船，断敌外援，实行长久围困。沙俄军逐渐弹尽粮绝，战死病死者很多，最后仅剩66人。在此期间，清廷多次致函谴责沙俄侵略行径。九月，沙俄政府被迫同意谈判。次年，清军撤围，雅克萨之战结束。

此战，清廷以武力为后盾，政治、外交相配合，水陆军协同，先扫外围，致沙俄军困守孤城，

雅克萨之战中所用火炮

雅克萨之战

被迫投降。战后，中俄双方签订了《尼布楚条约》，从法律上确定了中俄东段边界。

[三、清廷与准噶尔部之战]

清康熙、雍正、乾隆年间，清军击败准噶尔部封建割据势力、维护国家统一的战争。

准噶尔部是清代中国西北地区厄鲁特蒙古四部中最强的一部，游牧于伊犁河流域。噶尔丹夺得该部汗位后，出兵兼并邻部，势力扩至天山南北和青海。康熙二十七年（1688），他又率军进攻漠北的喀尔喀蒙古，迫使该部迁往漠南。二十九年五月，噶尔丹以追击喀尔喀部为名，率军3万渡乌尔匝河（今蒙古人民共和国乌勒吉河），后挥戈南下，兵锋指向北京。

面对噶尔丹的进攻，清廷迅速调集兵力，康熙帝下诏亲征。七月初，清军分左、右两路出古北口（今北京密云北）和喜峰口。八月初，两军激战于乌兰布通（今内蒙古克什克腾旗南），准噶尔军大败西逃，清军伤亡也很严重。噶尔丹兵

烽火岁月：辽宋至清战争

败后仍不甘休，招集旧部，扩充部队，图谋再举。清廷得悉，调兵储粮，准备再战。三十四年秋，噶尔丹率兵3万，沿克鲁伦河而下，进驻巴颜乌兰（今蒙古人民共和国乌兰巴托东南）。康熙帝统兵近9万，分东、西、中三路，约期夹攻。次年五月，西路军主力于昭莫多（今乌兰巴托南）林中设伏，以骑兵一部迎战噶尔丹，且战且退，诱其入伏，清兵乘机冲杀，噶尔丹惨败，仅率数骑西逃。康熙帝于三十六年二月再次出兵，迫使流窜于塔米尔河（在今蒙古人民共和国境）流域的噶尔丹残部投降，噶尔丹自杀（一说病死）。

噶尔丹败亡后，其侄策妄阿拉布坦取得汗位。他建帐于伊犁（今新疆伊宁西），在其统治后期，向外扩张，于五十六年出兵攻西藏，杀死拉藏汗，占据拉萨。清廷遣军从四川、青海两路入藏，击败准噶尔军，迫其撤出西藏。

雍正五年（1727），策妄阿拉布坦死，其子噶尔丹策零继承汗位。十年七月，他率军袭击驻扎于塔米尔河的清军。八月初，清军以精骑3万夜袭其营，准噶尔军溃逃，清军乘胜追击，将其大部歼灭于光显寺（在今蒙古人民共和国鄂尔浑河上游），噶尔丹策零被迫降附。

乾隆十年（1745），噶尔丹策零死。后准噶尔部内乱，达瓦齐夺得汗位。清廷于二十年二月发兵5万，直捣伊犁，达瓦齐猝不及防，兵败被俘。不久，归降清廷的阿睦尔撒纳，因统治厄鲁特蒙古四部的野心未能得逞，聚众叛乱。二十二年春，清廷遣军从巴里坤（今属新疆）等地，分路进击，叛军溃败，阿睦尔撒纳叛逃沙俄后病死。清廷经过近70年的战争，终于消除了准噶尔封建割据势力，维护了中国多民族国家的统一。

准噶尔部

[四、大小金川之战]

清乾隆年间，清廷对四川大、小金川地方土司进行的作战。

大金川（今四川金川县）位于大渡河上游，小金川（今四川小金县）地处大金川东南。两金地区山峦起伏，藏族民众在此聚居。雍正元年（1723），大金川土司莎罗奔被清廷授予安抚司后，势力日盛，于乾隆十二年（1747）出兵攻掠革布什札和明正两土司地区。清廷派兵干预，莎罗奔起兵反抗，于是清廷令四川总督张广泗率军攻大金川。莎罗奔在噶喇依（今金川县东南）和勒乌围（今金川县东）南北两官寨周围依险筑堡设卡，步步为营，屡败清军。十三年十二月，清廷命大学士傅恒督军。他与提督岳钟琪改变

土司官寨遗址

张广泗以碉逼碉、逐碉争夺的战术，避坚就隙，出其不意，直逼大金官寨。岳钟琪轻骑入寨，晓以利害，迫使莎罗奔于次年正月归降。

三十六年春，大金土司索诺木和小金土司僧格桑串通，计杀革布什札土司官，进攻鄂克什及明正两土司。清廷命大学士温福率军出战，企图采取攻小金威慑大金的方略，制服两金土司。三十八年夏，索诺木指使小金头人突袭温福大营，清军溃败，温福战死。乾隆帝闻报，命阿桂为定西将军，明亮、丰伸额为副将军，率师征讨。阿桂统领各地来援之精兵数万，采取分进合击、割裂围歼等战法，分兵三路进击：自率主力为东路，主攻小金官寨美诺（今小金县城）；明亮为南路，进攻美诺西翼门户僧格宗；丰伸额为西北路攻宜喜（今金川县西北），钳制大金。

十一月初，清东、南两路军攻占美诺，降服小金。阿桂继而调整部署，进攻大金。他挥军连破勒乌围外围屏障，至四十年七月进抵勒乌围，断其外援。八月十五夜，发动总攻，激战至次日黎明，寨破。阿桂随后督师南下，攻克噶喇依外围堡卡500余处；明亮亦率军攻克大金川西堡卡200余处。十二月，清军会师合围噶喇依，断其水道，昼夜炮轰，索诺木计穷，于四十一年二月初率2000余众出降。战后，清廷废除了两金川的土司制，设厅委官，加强了对该地区的统治。

［五、虎门、广州之战］

鸦片战争期间，清军在广东虎门、广州地区抗击英军入侵的作战。

清道光二十年（1840）夏，英国为打开中国贸易大门，借口清朝销毁鸦片，发动侵华战争。英军自广东沿海北犯，攻陷浙江定海后，在天津大沽口与清政府商定于广东举行谈判。十一月，钦差大臣琦善抵达广东，因英国全权代表义律（即C.埃利奥特）所提条件苛刻，清廷决定从各省调兵，准备武力抵抗。英军为迫使清方就范，率先向清军沙角、大角炮台发起进攻。这两座炮台筑于虎门口东西两侧的山上，是虎门要塞的第一重门户。沙角炮台由副将陈连陞率兵600余人据守，大角炮台由千总黎志安率兵150余人守卫。十二月十五上午，英舰7艘、轮船4艘、舢板10余只，载英军1500余人，分左右支队，开始进攻。右支队以舰炮轰击沙角炮台正面，压制清军炮火，陆战队抄袭炮台侧后，抢占制高点，用野炮俯击。清军腹背受敌，伤亡惨重，

虎门炮台遗址

陈连陞壮烈牺牲，炮台失陷。大角炮台也被英军左支队占领。

道光帝得知沙角、大角炮台失陷，决定对英宣战，任命御前侍卫内大臣奕山为靖逆将军，赴广东前线指挥作战。义律探悉清方调兵遣将，便中断谈判，于二十一年二月初五，出动舰船18艘，准备再次进攻，并抢占了未设防的下横档。在其北里许的上横档岛上，清军筑有横档、永安炮台；东岸武山上，筑有威远、靖远和镇远炮台；西岸南沙山上，筑有巩固炮台；六座炮台共安各式大炮260余门。这里是虎门要塞的第二重门户，由广东水师提督关天培率3500余名清军及数千水勇驻守。初六晨，下横档的英军炮击上横档，英舰4艘围攻横档、永安炮台，英军于两侧登陆，守军纷纷撤离，上横档遂被英军占领。与此同时，英两艘主力舰轰击威远、靖远和镇远炮台，英军3000余人从炮台翼侧登陆，分路包抄，守军不支而溃；关天培于靖远炮台督战，身负重伤，仍坚持战斗，最后以身殉国，三座炮台相继失守。下午，巩固炮台亦失。英军占领虎门要塞后，溯江而上，连陷乌涌、猎德、二沙尾诸炮台，兵临广州城下。

三月二十三日，奕山抵达广州，决定以城东南、西南为防御重点，将清军分拨四郊守卫。四月初一夜，奕山调遣水勇1700余人，驾乘民船、小艇，兵分三路，对泊于二沙尾和白鹅潭一带的英舰船实施火攻，由于英军早有戒备，未能取得预期战果。初四下午，英军2700余人，分作左右纵队，对广州城发起进攻：右纵队360人进攻城西南的沙面商馆；左纵队2300多人迂回到清军设防薄弱的城西北缯步一带登陆。初五，英军向城北发起进攻，四方等炮台陷入敌手，清军纷纷退入城内，广州城完全暴露在英军的炮火之下。初六，奕山急派广州知府余保纯出城乞和，与义律签订了屈辱的《广州和约》。中旬，英舰船撤出广州、虎门地区。

[六、浙东之战]

鸦片战争期间，清军在浙江东部的定海、镇海和宁波等地抗击英军入侵的作战。

清道光二十一年（1841）三月，英政府改派璞鼎查（即 H.波廷杰）为全权代表，扩大侵华战争。六月底，璞鼎查抵澳门与海军司令巴加（即 W.帕克）、陆军司令郭富（即 H.高夫）率舰队再次北犯，七月初十侵占厦门、鼓浪屿后，进窥浙东。

定海于二十年曾被英军占领。二十一年初英军撤走后，清军5600余人先后进驻，并于城郊山岭及沿海加筑炮台、土城，由总兵郑国鸿、王锡朋、葛云飞分段防守。八月初九，英军舰船31艘，载陆军2100余人抵舟山海面，准备进攻定海。十四日傍晚，英炮兵占领城南大小五奎山岛。十七日，英舰及岛上炮兵炮击定海前沿阵地，步兵分两路登陆。左纵队1500余人进攻晓峰岭和竹山，右纵队600余人进攻城南土城。三总兵督部顽强抗击，相继阵亡，阵地先后失守，定海再陷。

八月下旬，英军进犯镇海。镇海位于甬江入海口，东南濒江，北滨大海，招宝山雄踞城东北，与东岸的金鸡山相对峙，山上均筑有炮台及工事，安炮86门；该地区共驻有清军5000余人，由钦差大臣裕谦坐镇指挥。二十六日晨，英舰7艘对金鸡山和招宝山实施炮击，然后英军分三路发起进攻：中央纵队500余人从金鸡山东北登陆，左纵队1100余人绕金鸡山侧后登陆，两面夹击金鸡山。总兵谢朝恩率部1500人顽强抗击，多次与敌肉搏，大部牺牲，谢亦落海而亡，金鸡山失守。同时，英军右纵队700余人在招宝山登岸，浙江提督余步云率军千余不战而逃。英军占招宝山后，居高临下，俯击镇海。裕谦督军千余誓死抗击，战至下午，见兵败城危，乃投水自尽，镇海陷落。二十九日，英舰船8艘，载兵700余人溯甬江直犯宁波，余步云与知府邓廷彩弃城溃逃，宁波又陷。

福建省鼓浪屿

浙东三城失守后，道光帝令奕经为扬威将军赴浙督办军务，并从各省调兵驰援浙东。二十二年正月，奕经到达杭州，决定对敌实施水陆反攻，企图一举收复三城。二十九日夜，总兵段永福率2400人袭击宁波，由南门、西门冲入城内，因遭敌阻击而撤出战斗；副将朱贵率1900余人多次猛攻镇海西门，未能入城；夜袭定海的水上一路也因风潮不顺一再延期。三路反攻均告失败。二月初四，英军1200余人从宁波进占慈谿（今慈城镇），分路进攻清军集结地大宝山，清军伤亡惨重，朱贵父子壮烈牺牲。浙东战败，清廷遂无心再战，决意妥协求和。

［七、吴淞、镇江之战］

鸦片战争中，中国军队在江苏吴淞口（今属上海）、镇江等地抗击英军入侵的作战。

陈化成

英军侵入浙东后，即准备向长江下游扩大侵略。清道光二十二年（1842）四月，英军主力北上，于初九攻陷浙江乍浦，随后进犯吴淞口。

吴淞口位于黄浦江与长江交汇处，东西两岸筑有炮台和土塘，共安炮250余门，由江南提督陈化成等率4000余人驻守。五月初八，英军舰船12艘炮击东、西炮台，掩护步兵在吴淞镇附近登陆。陈化成率西炮台守军猛烈反击，打伤敌舰4艘，毙伤数十人。不久，驻宝山的两江总督牛鉴和防守西炮台侧后的总兵王志元弃阵逃走，西炮台侧后受到登陆英军的袭击，正面也被英军突破，守军前后受敌，大部阵亡，陈化成壮烈牺牲，西炮台失守。英军继占宝山和东炮台。五月十一日，英军进占上海县城（今上海闵行区），旋退集吴淞口。

五月二十八日，英陆军7000余人搭乘舰船73艘溯江西犯镇江，企图封锁运河，切断漕运，迫使清廷就范。时镇江城内由八旗副都统海龄率1600余人驻守，城外有提督齐慎、刘允孝部3700人协防。六月十四日晨，英陆军以第1、第3旅和炮兵旅任主攻，从镇江西北的金山附近登陆后，第1旅直逼城外清军兵营，齐慎、刘允孝率部稍事抵抗即退往新丰镇（今丹阳北）；第3旅攻西城门，遇守军顽强抗击，战至中午，始轰开城门而入。同时，英军第2旅在城东北之北固山一带登陆，缘梯攻城，遭守军顽强抵抗，上午10时许攻破北门。城内清军节节抵抗，与英军展开激烈的巷战和肉搏，宁死不屈，直至牺牲；海龄督战到最后自杀殉难，镇江失陷。英军亦伤亡169人。英军攻占镇江后继续西进，直抵江宁（今南京）城下。清政府全部接受英方的苛刻条件，与之签订了中英《南京条约》。

清政府代表在英国军舰上签订《南京条约》

[八、太平军北伐]

清朝咸丰三年（太平天国癸好三年，1853）至五年间，太平天国派兵挺进华北、企图攻取北京的一次重大战略行动。

三年春，太平天国定都天京（今南京）后，于派兵西征的同时，派天官副丞相林凤祥和地官正丞相李开芳等率军2万余人，挺进华北。北伐军由浦口出发，经安徽蒙城、亳州（今亳县）入河南，克归德（今河南商丘），因无船不得渡黄河，

太平军北伐

乃循南岸西趋，于五月二十一抵汜水，征得数十条船，开始抢渡黄河。二十六日，主力渡过黄河（一部未得渡，南返安徽），占温县，围怀庆（今河南沁阳），与城内外清军相持两月。七月二十八，北伐军撤围西进，经垣曲入山西，过平阳（今山西临汾）、洪洞、黎城，东入直隶（约今河北），克临洺关（今河北永年）、邢台，北上藁城，东占深州（今河北深县），稍事休整后即东进沧州，于九月二十七占领静海和独流镇，在此屯驻待援（前锋一度抵达天津西杨柳青）。

北伐军深入直隶，清廷震动，即命胜保为钦差大臣，率军由南而北追赶，并命惠亲王绵愉为奉命大将军、僧格林沁为参赞大臣，率军由北而南迎堵。北伐军占据静海、独流后，胜保即设大营于良王庄，僧格林沁设大营于王庆坨，进行围堵。

北伐军以流动作战见长，一旦在静海、独流驻止下来，即迅速陷入清军的重围。时值隆冬，军资匮乏，又久等援军不至，处境日益艰难，乃于四年正月初八突围，南走河间县束城镇；一月后又突围走阜城。清军马队紧追不舍，北伐军再度被围。

洪秀全、杨秀清得知北伐军抵达天津附近后，才着手组织援军。四年正月初七，

夏官又副丞相曾立昌等率领援军由安庆出发，经河南永城、夏邑渡黄河，由江苏丰县入山东北上，于三月十五攻克临清，北距阜城仅 200 余里。但临清城内粮械被敌军焚毁殆尽，城外又有胜保部清军赶到围困，曾立昌等遂迁就部分新成员的畏敌惧战情绪，竟置北援任务于不顾，二十六日弃城南走，途中屡战不利，一退再退，以致溃不成军，被清军和地主武装截杀甚众，曾立昌等牺牲。援军的溃散，使北伐军的前途更加险恶。

林凤祥、李开芳被困于阜城，不知援军已到临清。四月初九，北伐军自阜城突围，进据东光县之连镇。当天，清军又赶到围困。林、李为分敌兵势，由李开芳率 600 余骑突围南下，袭占山东高唐。胜保所部当即赶到，又将高唐围住。从此，林、李分驻两地，顽强抗击清军。五年正月十九，清军攻陷连镇，北伐军将士大多阵亡，林凤祥被俘后解送北京，英勇就义。僧格林沁立即移兵猛攻高唐。二十九日，李开芳弃城南走茌平县之冯官屯。僧格林沁又率数万清军赶到，围攻两月未克，最后只得在四周筑起堤坝，从百里外引水浸灌，冯官屯顿成泽国。四月十六，李开芳等被俘，在北京遭杀害。至此，北伐军全军覆没。

北伐军失败的主要原因，是太平天国的领导者于攻占金陵（今南京）后，对革命形势缺乏清醒的认识，贸然派出 2 万余精锐，深入华北，谋取北京，结果陷入清军重围；加之后援部队派出过迟，且于中途溃散，北伐军遂失去了突围南返的希望。这是太平军自起义以来所遭到的一次最大损失。

［九、上海小刀会起义战争］

清咸丰三年（1853）至五年间，上海人民为反抗清朝统治和外国侵略者所举行的武装起义。

鸦片战争后，上海成为通商口岸，在外国资本主义和本国封建势力的压榨下，大批手工业者、水手、农民失业破产。他们参加反清秘密组织小刀会，开展斗争。

上海小刀会起义

三年八月初三，青浦、嘉定小刀会，在太平军胜利形势鼓舞下首先起义，占领嘉定。初五，以刘丽川为首的上海小刀会响应起义，占领县城，并迅速攻占宝山、南汇、川沙、青浦等厅县，队伍发展至万人。起义军一度进攻太仓，拟与太平军联络，后为清军所阻而退回。

起义军占领上海，清廷震惊，急从围困金陵的江南大营和江苏各地抽调兵勇2万人，由江南大营帮办许乃钊率领，迅速夺占嘉定、青浦、宝山、南汇、川沙，进围上海。

刘丽川等依靠上海民众，坚持与前来镇压的敌军进行顽强斗争。十月初九，清军分水陆两路发起进攻，起义军以密集炮火向敌轰击，击伤敌舰船多艘，歼敌300余人。四年正月初九，清军用地雷将北城墙炸开缺口，2000余人蜂拥而入。起义军居高临下，投掷火药袋、火罐、石块，击退敌人，并乘胜出击，毙敌80余人，缴获大炮12门和其他武器弹药。

清军屡攻上海失利，清廷将许乃钊革职，命署按察使吉尔杭阿继任。英、法、美侵略者也与清军相勾结，在租界与县城之间修筑界墙，断绝了起义军的粮弹来源。十一月十八，法军和清军又用大炮轰开北城墙，发起冲锋。起义军凭借建筑物和城防工事，以密集炮火阻击敌人，并与之展开肉搏，毙伤法军60余人、清军2200余人，粉碎了敌军的联合进攻。由于中外反动派的长期封锁，起义军终因外援不继，粮尽弹绝，于五年正月初一弃城突围。次日，在虹桥附近与敌遭遇，刘丽川等战死，余部或参加太平军，或分散各地继续坚持斗争。

[十、太平军湖口大捷]

清朝咸丰四年底（太平天国乙荣五年初，1855），太平军在江西湖口粉碎清军水陆进攻、扭转西征战局的关键一战。

三年夏，太平军自天京（今南京）溯江西征。四年夏，在湖南湘潭遭遇由清兵部侍郎曾国藩组建的湘军，屡战失利，节节后撤。

四年十月，湖北田家镇、半壁山防线被突破，太平军退守江西九江、湖口。时检点林启容守九江，冬官丞相罗大纲守湖口对岸的梅家洲。为挫败湘军的进攻，主持西征军务的翼王石达开由安庆进驻湖口，坐镇指挥。

清军久攻九江不下，曾国藩决定舍坚而攻瑕，移九江城外四五千清军改攻梅家洲。该洲位于九江以东50里，罗大纲在这里树木城、掘深壕，与石达开共扼鄱阳湖口。十二月初六，由九江来攻的清军，驻营盍（灰）山，当即分兵三路，猛扑梅家洲。太平军凭垒坚守，多次击退清军进攻。同日，湘军水师猛攻泊于鄱阳湖口的太平军木排（能在水面活动的炮垒），遇到太平军的顽强抗击，伤亡400余人。后由于排上火药箱被击中，木簰起火焚毁。

太平军在湖口击败湘军

当夜，太平军为阻止湘军冲入湖内，将大船数只装满砂石，凿沉中流，仅于靠西岸处留一隘口。十二日，湘军水师再攻湖口，120余只轻便战船由隘口冲入湖内，直驶姑塘镇。

石达开、罗大纲把握战机，立即堵塞隘口，不使敌轻便战船重返大江，从而肢解了湘军水师；与此同时，出动战船，围攻湖口以北湘军水师八里江老营，南

北两岸太平军也手持火箭、喷筒，向敌船喷射。湘军笨重大船，由于失去轻便战船的护卫，"如鸟去翼，如虫去足"，当夜被焚40余艘，其余船只逃往九江以西的官（关）牌夹。二十五日，太平军水师又夜攻官牌夹，包围了曾国藩的座船，毙其幕僚多名，为此曾愤而投水自尽，被左右救起，逃入陆营，得免于一死。

太平军在湖口、九江连挫湘军水师，西征战局转败为胜，随之开始全面反攻。

[十一、三河之战]

清咸丰八年（太平天国戊午八年，1858）冬，太平军在安徽三河镇（今属肥西县）歼灭湘军精锐李续宾部的一次著名作战。

八年秋，清湖广总督官文驱策湘军进犯安徽。八月十六，湘军攻陷太湖，遂兵分两路：南围安庆，北攻庐州（今合肥）。北路湘军统将李续宾急切图功，于连陷潜山、桐城、舒城后，九月二十八又率5000之众，进逼三河镇。三河是庐州南面的重要屏障，太平军在这里凭河设险，构筑城墙，并于城外添筑砖垒九座，由吴定规率部驻守。十月初二，湘军来攻，太平军凭垒顽强抗击，毙敌千余后弃垒入城，固守待援。前军主将陈玉成得报，便自江苏六合率部日夜兼程，西上救援，于十月初二驰抵三河西南30里的金牛镇；后军主将李秀成部也奉调于初九日赶到，扎营三河镇东南25里之白石山。两支太平军主力，号称10万，连营数十里，并隔断了湘军的退路。

在太平军强大援军威慑下，有人曾向李续宾建议退守桐城，但李屡胜气骄，不予采纳，并说：军事有进无退，当死战！乃决定于初十日深夜，以七营兵力，分作左、中、右三路，袭击金牛镇，企图侥幸取胜。陈玉成抓住敌冒险出击的有利战机，以少部兵力正面搏战，吸引敌人，另以主力从湘军左翼抄其后路。次日晨，大雾迷漫，咫尺莫辨，鼓角相闻，敌我难分。陈玉成主力迅速击溃了左路湘军，并乘胜隔断中、右路之后路。湘军发现归路被断，仓皇后撤，在烟筒（墩）岗一带被太平军团团包围。李续宾得知大队被围，即亲率四营前往救应，经反复数十次冲击，也未能突入重围，只得败退回营，闭壁坚守。这时，李秀成部闻讯赶来参战，吴定规部也自城内出击，三支太平军密切配合，气势更壮，激战到十一日深夜，全歼烟筒岗之敌，另攻破敌营7座，毙湘军悍将李续宾（一说自尽），取得了决定性的胜利。十二日，太平军继续围歼残敌，至十三日晚，李续宾所部湘军全部被歼。

三河大捷后，太平军乘胜南进，连克舒城、桐城，围安庆之湘军也闻讯后撤。湘军元气大伤，年余不敢东犯。太平天国由此赢得时间，重振军旅，坚持反清作战。

[十二、抗击英法联军入侵大沽之战]

第二次鸦片战争期间，清军在大沽口抗击英法联军入侵的三次作战。

清咸丰六年（1856）九月，英国为扩大侵华利益，挑起第二次鸦片战争。七年八月，英、法结成联军，在美、俄怂恿下，于十一月攻占广州后继续北犯，企图胁迫清廷签订新约。

八年三月，英、法舰船共20余艘抵大沽口外。大沽口是天津的门户，南岸建炮台3座，北岸1座，共安大小炮200余门，有清军3000人防守。四月初八，联军炮艇6艘轰击大沽炮台，陆战队千余人登陆。守军发炮还击，重创敌艇船多艘，毙伤近百人。当敌逼近炮台时，守军与之白刃格斗，因后路援兵溃逃，炮台相继失守。十四日，联军

大沽口炮台威字号炮台主炮

炮艇沿海河驶抵天津城下。五月，英、法、美、俄公使威逼清廷签订了《天津条约》。

条约签订后，英、法政府坚持进京换约，不惜重燃战火。九年五月，英法联军舰队驶抵大沽口外。这时，大沽口的防御在科尔沁亲王僧格林沁督率下已得到加强，炮台已增至6座，新安各型大炮60门，驻兵4000余人；另于距天津30余里的双港，又筑炮台13座，安炮81门，并于新河、新城及北塘等地驻兵6000余人。二十五日，联军炮艇13艘驶入海口，拆毁障碍物，炮轰两岸炮台。守军开炮还击，击中联军旗舰，打伤英舰队司令贺布（即 J. 霍普）。接着，联军陆战队千余人从南岸强行登陆；僧格林沁急调火器营等部前往攻击，北岸炮台亦发炮支援，战斗从黄昏至半夜，联军陆战队被击退，残部逃回舰船。此战，击沉敌艇4艘，伤6艘，毙伤敌500余人，给侵略军以沉重打击。

联军惨败的消息传到伦敦、巴黎，英、法政府决计"报复"。十年六月初十，联军约1.7万人分乘舰船206艘抵大沽口外，十五日在防务空虚的北塘口登陆，占领北塘镇、新河、塘沽。七月初五，联军在炮火掩护下，进攻大沽北岸炮台。直隶提督乐善指挥守军开炮拒敌，不幸阵亡，守军大部牺牲，炮台相继失陷。僧格林沁遂率南岸守军撤往天津，旋退通州（今北京通县）。初十，联军侵占天津，威逼北京。

[十三、太平军二破江南大营]

清朝咸丰十年(太平天国庚申十年，1860)夏，太平军再次摧毁围困天京(今南京)的清军江南大营的著名作战。

六年夏，太平军曾摧毁过以向荣为钦差大臣的江南大营。八年初，清钦差大臣和春又在天京东、南两面掘壕筑墙，复建江南大营。十年初，攻占城北下关、九洑洲，天京被"困如铁桶一般"。在此危急关头，总理朝政的干王洪仁玕与忠王李秀成共商解围方略，确定运用"围魏救赵"的策略，首先奔袭清军必救的杭州，

齐聚芜湖

诱迫江南大营分兵，然后返旆回救，与天京守军内外合击江南大营。

方略既定，李秀成在安徽芜湖会齐各路将领，部署进军杭州。正月十九，李秀成率部由芜湖出发，经南陵，绕宁国府（治今宣城）南，二月初三克广德，留求天义陈坤书驻守，自率主力入浙，连占长兴具泗安镇、虹星桥，又派侍工李世贤虚攻湖州，迷惑敌军，自率六七千众，乔装清军，经武康直趋杭州。杭州是浙江省城，也是江南大营的重要粮饷供给地，守城兵勇不足 3000 人。太平军的迅速进军，使杭州清军猝不及防，围攻数日，即于二十七日破城。对太平军的攻浙意图，和春虽有所探察，但由于咸丰帝严旨屡催，先后从江南大营分兵 1.3 万赴援浙江，其先头部队由总兵张玉良统带，于三月初二抵达杭州城外。

李秀成知敌中计，即于初三日悄然撤出杭州，由余杭、孝丰间道火速北返。十八日于安徽建平（今郎溪）会齐各路将领，部署回救天京，旋即兵分两路：一路由辅王杨辅清率领，攻取高淳、东坝、溧水后，于闰三月初三进抵天京南郊要

第三章　清

91

地秣陵关；另一路由李世贤率领，于攻占溧阳后，分兵一支佯攻常州，主力于初三占句容，初八攻占天京东南要地淳化镇。与此同时，英王陈玉成部也奉调由江北来援，抵达天京西南之江宁镇。

各路大军云集天京外围，号称 10 万，形成了对江南大营的反包围。遂决定从五个方向进攻江南大营：李秀成部由尧化门进攻紫金山东麓，李世贤部进攻城北燕子矶一带，陈坤书部进攻高桥门，逼小水关大营总部，杨辅清部攻雨花台，陈玉成部攻江东门。天京守军则从东、南各门出击。十二日，总攻开始，各路太平军连日冒雨出击，与敌大战。十五日，陈玉成部由上河、毛公渡等处搭造浮桥，首先突破大营外墙，城内太平军也纷纷出击，向清营投掷火罐，引起火药爆炸，一时响声震野，附近清军闻之丧胆，纷纷弃营溃逃，大营西部防线随之瓦解。帮办军务张国梁率队救援不及，即破坏上方桥，企图固守大营东北部。但这时清军已无心再战，当晚小水关附近的清军纷纷焚营溃逃，大营四周皆火，和春、张国梁等于一片慌乱中逃往镇江。苦心经营多年的江南大营，再次被摧毁。不久，太平军乘胜东征苏（州）、常（州），张国梁、和春先后败亡，天京以东的威胁基本解除。

［十四、安庆保卫战］

清朝咸丰十年（太平天国庚申十年，1860）至十一年间，太平军为阻击湘军东进、解救安庆之围所进行的重要作战。

十年夏，正当太平军二破江南大营和东征苏州、常州之际，曾国藩和湖北巡抚胡林翼统率湘军水陆师 5 万余人，乘机自湖北大举东犯，于连陷太湖、潜山之后，乃以太平军所必救的安庆为主要目标，命道员曾国荃率陆师万人会同提督杨载福水师 4000 人，担任围城的任务；并命副都统多隆阿、按察使李续宜率马步 2 万，驻扎桐城西南挂车河、青草塥，担任打援任务。

湘军陆师士兵

安庆自咸丰三年为太平军占领后，一直是拱卫天京（今南京）的西线屏障和粮源要地，这时由受天安叶芸来、谢天福张朝爵率万余人驻守。湘军进围安庆，直接威胁天京的安全。十年秋，天京当局从江、浙战场调集大军，分由大江南北西进，企图合攻湖北，威胁敌之后路，迫使湘军西撤。但英王陈玉成、忠王李秀成两支主力未能会攻武汉，遂使调动敌人回救的计划落空。

十一年春，天京当局决定从大江南北调集大军，直接进攻围困安庆之敌。三月中旬，陈玉成率主力万余人自湖北回援安庆，进入集贤关（安庆城北18里处一隘口），逼近围城湘军。曾国荃部则深沟高垒，一面围困安庆，一面设法拖住陈玉成部，等待援军赶到后予以围歼。下旬，天京来援的干王洪仁玕、章王林绍璋和定南主将黄文金所部4万余人也抵达桐城地区，准备进援安庆，被多隆阿部阻截于练潭、横山铺一带，致使干王、章王军未能与陈玉成部会合。四月上旬，总兵鲍超、成大吉率所部湘军万余人赶到集贤关，陈玉成已先期率主力撤至桐城，仅留菱湖北岸13垒和赤岗岭4垒坚守待援。四月十四，陈玉成于桐城会合干王、章王等部，三路进攻挂车河之敌又失利，进援安庆再度受阻。菱湖、赤岗岭太平军各垒孤立无援，先后被鲍超、成大吉部攻陷，靖东主将刘玱林以下数千精锐全部牺牲。

安庆被围近年，粮弹将绝，太平军援救又连遭挫败，天京当局决定再从皖南调辅王杨辅清部增援。六月下旬，杨辅清率部渡江，由无为西进，会合陈玉成部绕道霍山、英山、宿松，攻太湖、挂车河又不利，乃于七月中旬径入集贤关（此时鲍超、成大吉部已他调），连日轮番攻扑湘军外壕，城内守军也呼应配合，终因湘军壕深垒固，枪炮猛烈，虽付出巨大牺牲，也未能攻破。八月初一，湘军用地雷轰坍安庆北城，水陆各军乘机突入城内，万余饥疲守军宁死不屈，或战殁，或投江，壮烈殉难。安庆陷落，天京西线屏障遂失，全局震动。

[十五、天京保卫战]

清朝同治元年（太平天国壬戌十二年，1862）至三年间，太平军为保卫首都天京（今南京）所进行的防御战。

李鸿章

同治元年春，坐镇安庆的两江总督曾国藩，经过充分准备之后，采取"欲拔根本，先剪枝叶"的战略方针，调动湘、淮军7万余人，兵分10路，对以天京为中心的太平军占领区实施向心攻击。五月，布政使曾国荃、兵部侍郎彭玉麟率湘军水陆师2万余人，攻抵天京城下。江苏巡抚李鸿章所率淮军6500人全部运抵上海，准备西攻苏（州）、常（州）。浙江巡抚左宗棠率湘军万余，自江西入浙，准备攻取杭州。天京处于清军的战略包围之中。

对进抵天京城下的湘军，太平军未能乘其立足未稳即予打击；直至秋末，敌已深沟高垒、坚固设防，忠王李秀成、侍王李世贤、辅王杨辅清等"十三王"，才在天王洪秀全多次严诏之下，率领大军20余万回救天京。由于诸王各有地盘，心志不专，都未作持久作战的准备，于抵达后即连日轮番强攻，企求侥幸速胜，激战 45 日，屡攻不利，即仓促决定撤出战斗。

天京解围战失败后，李秀成被"严责革爵"。不久，天王洪秀全责令他领兵渡江，西袭湖北，企图调动天京围敌，收"进北攻南"

天津保卫战

之效。但李秀成迟至次年春才率主力渡江西进，途中受到湘军节节阻截，加之军粮匮乏等原因，进至安徽六安即中途折返，并于五月间撤回江南。调动湘军的目的非但没有达到，反而在途中和渡江时损失数万精锐。

二年冬，太平军各个战场的军事形势迅速恶化。李鸿章所部淮军在"常胜军"（即洋枪队）支持下，自上海西进，连陷苏州、无锡，推进至常州城下。左宗棠部也进围杭州。曾国荃部湘军陆续攻占天京城外各军事要点，逐步缩小包围圈，天京仅剩神策门（今中央门东）外一路可与外界相通。在此危急关头，洪秀全拒绝了李秀成"让城别走"的积极建议，决定死守天京，从而错过了撤出天京、以图再举的最后机会。

三年正月，湘军进扎太平门、神策门外，合围天京。城内米粮日缺，洪秀全诏令军民食用"甜露"（一种野草制的代食品）充饥。四月二十七，洪秀全病逝（一说自杀），幼主洪天贵福即位，一切军政事务统归李秀成执掌。

湘军合围天京后，先后于城下挖掘地道十数处，均为太平军所破坏。五月底，湘军攻占天京城外最后一个据点地保城（龙脖子），从而能够居高临下，监视城内动静，压制守军炮火，掩护挖掘地道。六月十六，攻城准备就绪，中午点燃地雷，轰塌太平门以东城墙十余丈，大队湘军蜂拥入城，并分四路向纵深推进，其他方向的围城湘军，也闻声缘梯入城。傍晚，天京各门均为湘军占领。守军除李秀成带领幼主等千余人由地雷轰城处冲出城外，余则或战死，或被杀，或自焚，无一降者。天京的陷落，标志着太平天国革命的失败。

［十六、高楼寨之战］

清同治四年（1865）四月，捻军在山东菏泽高楼寨（今高庄集）歼灭清军僧格林沁部的一次著名伏击战。

三年夏，太平天国都城天京（今南京）陷落。十月，遵王文光率所部太平军在河南南部与捻军张宗禹等部联合，按太平军军制整编训练，并易步为骑，流动作战。是年冬至翌年春，在河南邓州（今邓县）、鲁山、鄢陵等地，多次击败"围剿"的清军。僧格林沁恼羞成怒，亲率马步万余，跟踪穷追。捻军避实击虚，以走制敌，在豫、鲁、苏三省交界地区盘旋打圈，来回奔驰数千里，把清军拖得精疲力竭，使僧格林沁手疲不能举缰索，以布带系肩上驭马。四年四月，捻军数万由江苏再次折入山东，渡过运河，在郓城、范县一带汇集了当地起义武装，驰抵菏泽西北的高楼寨地区。这一带地处黄河南岸，附近河堰纵横，柳林密布，捻军决定在此设伏，与敌背水一战。

二十三日，僧格林沁率军追至，扎营于菏泽西的解元集。当得知捻军主力在高楼寨地区后，便于次日拂晓向该地逼进。捻军先以小部队前出寨前诱敌。清军不知是计，兵分三路进击：以翼长诺林丕勒等马队、总兵陈国瑞等步队为西路；翼长常星阿等马队为中路；翼长成保等马队、总兵郭宝昌步队为东路；僧格林沁在后督队。中午，清军进入设伏地域，捻军伏兵突起，马步并进，亦分三路向敌突击。西路捻军与敌短兵相接，鏖战时许，稍却。此时中路捻军已将常星阿马队击败，随即转兵西向，配合西路捻军夹击清军，清军不支，纷纷溃败。东路清军也被捻军击败。僧格林沁遂收集马步残兵，逃往高楼寨南的郝胡同（一作葭密寨），负隅顽抗。不久，捻军大队赶到，将清军团团围住，并在四周挖掘长壕，防敌逃窜。当夜三更，僧格林沁率部突围，被捻军发觉，又陷入重围。在枪声号角声中，捻军越战越勇，清军死伤惨重。最后，僧格林沁虽冲出长壕，已身负重伤，当逃至菏泽西北的吴家店（今吴庄）时，被捻军战士杀死。捻军从而取得了歼灭僧格林沁以下 7000 余人的重大胜利。

[十七、十里坡之战]

清同治五年（1866），西捻军在西安东郊的十里坡伏击湘军刘蓉部的一次著名作战。

五年九月，捻军在河南中牟分东、西两军，梁王张宗禹率西捻军入陕，计划联合陕甘回民起义军，开辟新的抗清基地。十月初，西捻军由河南阌乡（今灵宝西北）绕过潼关，进入陕西华阴。这时正在陇州（今陇县）、邠州（今彬县）一带镇压回民起义军的湘军1.4万余人，在署理陕西巡抚刘蓉率领下回兵东进，阻击捻军。十九日，捻军在华阴西的敷水镇击败湘军先头部队，随即乘胜西进，直指西安，迫使各路湘军回救。为调动和疲惫敌人，捻军抵达西安东郊的灞桥镇以后，即折向东南，连占蓝田的洩湖等地。湘军果然跟踪扑来。捻军又东南趋商州（今商县）、雒南（今洛南），旋又北上，折入渭南西进。十二月十六，前锋逼近西安附近的韩生冢，钳制城内的清军；主力二三万人埋伏于西安以东的十里坡附近村堡，另派一部东出灞桥诱敌。刘蓉以捻军再次兵临西安，便不顾士卒疲劳，驱军猛追，十八日进抵灞桥。捻军与敌稍一接战，即向十里坡后撤，湘军跟踵急进，提督杨得胜首先率部抢上十里坡，总兵萧德扬等督队继至。当敌大队进入伏击地域，捻军诱敌部队即回马反击，伏军步队从两旁村堡杀出，马队从两翼包抄，将敌团团围住，湘军阵势大乱。时风雪交加，湘军士卒疲惫冻馁，士气低落，火药

《平定捻匪战图》

又被雨雪沾湿，不能点放。捻军趁势勇猛冲杀，白刃格斗。半日之内，杀敌提督、总兵5人，毙伤兵勇3000余人。西捻军取得了一次重大胜利。

[十八、清军收复新疆之战]

清光绪元年（1875）至三年间，清军驱逐侵占新疆的阿古柏军，维护祖国领土完整的战争。

19世纪中叶，英、俄两国在中亚争夺殖民地，并觊觎中国新疆。同治四年（1865），中亚浩罕汗国军事头目阿古柏在英国支持下，乘新疆动乱之机率军侵入，自立为"汗"，建立伪政权；十年，沙俄也出兵占领伊犁地区。新疆面临被英、俄肢解的威胁。光绪元年三月，清政府采纳左宗棠等人重视"塞防"、收复失地的意见，任命左宗棠为钦差大臣督办新疆军务，决定收复新疆。

左宗棠鉴于新疆远离内地，交通不便，战前着力采运军粮，购置枪炮、弹药，整顿、编组了一支6万余人的作战部队。二年三月，左宗棠从兰州移驻肃州（今甘肃酒泉），制定"缓进速战""先北后南"的作战方针，命道员刘锦棠总理行营营务，率湘军25营主攻乌鲁木齐；提督徐占彪和张曜各率所部驻守巴里坤至哈密一线，防敌北窜东逃。阿古柏闻讯，以马人得、白彦虎（均系陕甘回民义军首领，失败后逃新疆投敌）防守乌鲁木齐等北疆要地，阻击清军；一部兵力守胜金台、辟展（今鄯善）一线，防清军从天山南麓进攻；主力2.7万人部署在达坂城、吐鲁番和托克逊。

六月初，刘锦棠率部抵古城（今奇台），会合乌鲁木齐都统金顺部，于八日进扎阜康。阜康南之古牧地，系通乌鲁木齐咽喉，白彦虎派兵拒守。刘锦棠、金顺军在大路佯动，二十一日夜沿小路偷袭黄田，二十四日进围古牧地。二十八日晨，清军轰坍城墙，突入城内，全歼守军数千人。翌日晨，清军向乌鲁木齐疾进，白彦虎等弃城南逃。尔后，金顺率部西进，连克昌吉、呼图壁，九月底克玛纳斯。

时临冬季，刘锦棠筹粮整军，准备进军南疆。

三年三月，清军分两路南进。刘锦棠率主力由乌鲁木齐攻达坂城；张曜、徐占彪分出哈密和巴里坤，会师盐池后协攻吐鲁番。初三夜，刘锦棠率万人进围达坂，以一部兵力阻敌援军，亲率主力昼夜攻城，初六破城，毙俘守军3000余人。十一日，刘锦棠分兵6营助攻吐鲁番，自率骑兵14营进击托克逊，托城敌酋海古拉（阿古柏次子）闻风窜逃，部众2万余人于十三日投降。同日，东路清军克吐鲁番。至此，清军打开了南疆门户，军事上已成破竹之势。阿古柏见三城失守，气急暴病而死（有说服毒自杀，有说被人毒死），其长子伯克·胡里继位，令白彦虎防守喀喇沙尔（今焉耆）、库尔勒等地，抗阻清军。八月，清军继续南进，连克喀喇沙尔、库车、阿克苏、乌什等城。这时，喀什噶尔守将谋划反正，刘锦棠得讯即分兵急进，十一月十三克喀什噶尔（今喀什）。月底，南疆各城全部收复。伯克·胡里、白彦虎逃往俄境。随后，左宗棠积极部

新疆天山山脉

署进军伊犁。沙俄慑于清军威力，在清廷多次交涉下，十七年同意归还伊犁地区。至此，粉碎了英、俄吞并新疆的阴谋。

［十九、马尾海战］

中法战争期间，法国侵华舰队在福州马尾港袭击中国福建水师的作战。亦称马江海战。

清光绪十年（1884），法国在侵占越南的同时，为扩大侵华战争，派遣远东

马尾海战

舰队司令孤拔（即 A.A.P. 库贝）率舰队主力从海上侵犯中国。在进攻台湾基隆被击退后，窜犯福建沿海。闰五月二十三，孤拔率舰 6 艘侵入马尾港，泊罗星塔附近，伺机攻击中国军舰。此时，清廷仍幻想议和，致使会办福建海疆事务大臣张佩纶、闽浙总督何璟、福建巡抚张兆栋等，未作有效的防御部署。福建水师各舰也奉命必待敌先开炮方许还击。七月初，法巡洋舰两艘又侵入港内。初三晨，法舰队向中国方面发出战书。14 时许，法舰发起进攻，张佩纶、福建船政大臣何如璋畏战遁逃，负责指挥水师的副将张成在开战后弃舰逃命，致使各舰失去统一指挥，仓皇应战。战斗中，"建胜"舰击伤孤拔座舰"窝尔达"号，"振威"舰管带许寿山、"福星"舰管带陈英，"福胜""建胜"两舰督带吕翰等英勇战死，有的舰艇在将沉没时，仍发炮射击敌舰。未及一小时，福建水师即失去战斗力。福州将军穆图善率兵驻守长门、金牌两炮台，于闽江口击伤法舰两艘。初九，法舰全部撤出闽江口。战斗结果：福建水师军舰被击沉击毁 9 艘，伤两艘，另毁兵船十余艘，阵亡将士 700 余名；法舰队伤军舰 3 艘、水雷艇 1 艘，孤拔被击伤，后因伤致病死去。

[二十、镇南关大捷]

中法战争中，清军在广西镇南关（今友谊关）大败法国侵略军的著名作战。

清光绪九年（1883）底，法国发动了侵占越南北部，进而准备侵略中国的战争。十年底，法军进攻谅山，广西巡抚潘鼎新不战而退。十一年初，法军侵占镇南关，后因兵力不足、补给困难而退至文渊（今越南同登）、谅山，伺机再犯。

时老将冯子材受命帮办广西关外军务，驰赴镇南关整顿部队，部署战守。镇南关内有一狭长通道，两侧高山壁立，形势险要。冯子材选定关内八里的关前隘（今隘口）为预设阵地，于东西岭上构筑堡垒，两岭间构筑高七尺（约2.24

中法议和签字图

米）、长三里（约1.5公里）的石墙，墙外深掘堑壕，筑成较完整的防御阵地。同时改变清军一线防御的陈规，采取两翼策应、正面纵深梯次配置的方式，部署重兵防守。冯子材亲率所部9营担任正面防御，扼守长墙及两侧山岭险要；总兵王孝祺部8营屯冯军之后为第二梯队；湘军统领王德榜部10营屯关外东南的油隘，保障左翼安全并威胁敌之后路；冯子材另以所部5营屯扣波，保障右翼安全；督办军务广西提督苏元春等部18营，屯关前隘之后五里的幕府为后队；另有12营屯凭祥机动。总计前线兵力约62营，3万余人。

二月初，冯子材得悉法军将犯镇南关，便于初五派兵夜袭文渊，打乱了法军部署，促使法军在援军未到之前即仓促发动进攻。初七凌晨，法军东京军区副司

清军镇南关布防形势图

令内格里埃（一译尼格里）上校，以千余人侵入关内，另以千余人屯关外东南高地为后继。10时许，入关法军在炮火掩护下，分两路进犯关前隘，攻占了东岭三座堡垒，并猛攻长墙。冯子材一面令各部迎战，一面通告扣波、幕府各军前来策应。16时许，苏元春率部赶到东岭，阻止了法军的进攻；这时王德榜部也自油隘袭攻法军的骡马运输队，钳制了敌预备队的增援。

初八晨，法军在炮火掩护下，沿东岭、西岭、中路谷地进攻关前隘。冯子材传令各部统领，勇敢杀敌，有进无退，并立悬重赏，激励将士。当敌逼近长墙时，年已七十的冯子材持矛大呼，冲入敌阵，全军感奋，一齐涌出，与敌白刃格斗，战至中午，终将法军击退；这时，王德榜部和扣波清军抄敌后路，关外千余越南义军及当地各族人民，也自动前来助战杀敌。法军腹背受敌，死伤数百人，遗弃大量军用物资，向文渊、谅山溃逃。冯子材指挥清军乘胜追击，连破文渊、谅山，重伤内格里埃，将法军逐至郎甲以南。

镇南关大捷使清军在中法战争中转败为胜，振奋了民族精神。法军战败的消息传至巴黎后，导致茹费理（即费里）内阁倒台。

[二十一、丰岛海战]

清光绪二十年（1894），日本海军在朝鲜牙山湾口丰岛西南海域袭击中国海军舰船的一次海战。

日本明治政府自19世纪70年代起，组建欧洲式军队，侵犯中国台湾，吞并琉球群岛，并伺机侵略朝鲜和进一步侵犯中国。二十年五月，朝鲜政府请求中国协助镇压东学党起义，清政府即派兵赴朝，进驻牙山。日本借机也出兵朝鲜。不久，朝鲜政府同东学党达成妥协。清政府命入朝军队集结牙山，准备撤回，同时要求日本撤军。日本拒不接受，随后挑起武装冲突，企图以武力控制朝鲜。清政府为增援牙山孤军，派北洋海军巡洋舰"济远""广乙"，练船"威远"，炮船"操江"，由"济远"管带方伯谦率领，护送运载援兵的"爱仁""飞鲸""高升"三轮（均为雇用的英国商船）赴朝。

六月二十一，"威远"护卫"爱仁""飞鲸"两轮自牙山返航。二十三日晨，"济远""广乙"两舰也自牙山回航，接应正向牙山驶来的"高升""操江"，当驶至牙山湾口丰岛西南海域时，突遭日本联合舰队第一游击队巡洋舰"吉野"（旗舰）、"浪速""秋津洲"的截击。战斗约一小时，"济远""广乙"负伤败逃。"广乙"逃至朝鲜十八岛附近搁浅焚毁；"济远"被"吉野"紧追，水手王国成、李仕茂用尾炮将其击伤。此时，"操江""高升"驶至。"秋津洲"逼降"操江"，"高升"被"浪速"所截，船上官兵宁死不降。"浪速"舰长东乡平八郎竟下令将"高升"击沉，清军950人除200余人生还外，余均殉难。七月初一，中日两国政府宣战，甲午战争开始。

[二十二、甲午平壤之战]

中日甲午战争中，双方军队在朝鲜平壤进行的一次重要作战。

丰岛海战后，中日两国政府于清光绪二十年（1894）七月初一同时宣战。清政府派遣总兵卫汝贵、马玉昆、左宝贵和护军统领丰升阿，率兵29营入朝，于平壤会合自成欢、牙山败回的叶志超军，总兵力达1.7万余人。平壤清军由叶志超总统，准备抗击日军。平壤为朝鲜旧都，位于大同江西岸，山水环抱，形势险要。城北玄武门牡丹台，为全城制高点。

朝鲜平壤

日本政府对中国宣战后，任命陆军上将山县有朋为司令官，组成第1军，下辖第3、5两师团，共1.6万余人分四路围攻平壤。少将大岛义昌率混成第9旅团5000人从汉城（今首尔）出发，沿大道指向平壤东南；中将野津道贯率第5师团5000人渡大同江，进攻城西南；少将立见尚文率朔宁支队2000人，进攻城东北；大佐佐藤正率元山支队3000人，绕攻平壤城北，并断清军退路。八月上旬，四路日军进逼平壤。叶志超仓促部署防务，以卫汝贵部守城南；由马玉昆部防守大同江东岸；由左宝贵部、丰升阿部防守城北；叶志超居城中调度，所部防守城西。

十六日晨，日军发起总攻。叶志超欲弃城逃走，被左宝贵等制止。晨3时，马玉昆督部在东门外大同江东岸英勇抗击，日军死伤甚众，大岛义昌中弹负伤后撤退。晨7时，清军马队在平壤西南击退进攻日军。城北战事更为激烈，左宝贵率部在山地与日军激战，山顶数垒先后失守，被迫退守玄武门。日军居高临下，集中炮火猛击清军阵地。左宝贵决心与城共存亡，登城指挥，不幸中炮牺牲。玄武门失守，全城危急。叶志超树白旗乞降，下令撤军，自率余部仓皇北逃。此战，毙敌官兵100余人，伤大岛少将以下500余人。清军伤亡2000余人，被俘数百人。

平壤既失，清军退守鸭绿江。日军占领朝鲜后，又把战火烧到中国境内。

[二十三、黄海海战]

中日甲午战争中，双方海军主力在黄海北部海域进行的一次大海战。亦称大东沟海战。

丰岛海战后,清军在朝鲜牙山战败,撤守平壤。日本联合舰队为伺机攻击中国北洋海军,阻止中国从海上向朝鲜运送援兵,将基地前出到朝鲜仁川至大同江口。清光绪二十年（1894）八月十七,日本联合舰队司令长官伊东祐亨率联合舰队主队（"松岛""严岛""桥立""扶桑""千代田""比睿""赤城""西京丸",旗舰为"松岛"）和第一游击队（"吉野""浪速""高千穗""秋津洲",旗舰为"吉野"）舰船共 12 艘,由小乳纛角（长山串）出航,计划环绕黄海北部游弋,先抵海洋岛、鸭绿江口一带。

中国北洋海军提督丁汝昌,奉命率北洋海军舰艇 18 艘（旗舰"定远"）,于八月十七凌晨由大连起航,护送陆军乘运输船至鸭绿江口大东沟登陆,赴援平壤。陆军登陆后,定于十八日返航。

十八日午前,北洋舰队各舰正准备返航,发现日本联合舰队,遂起碇迎敌。双方接近过程中,日联合舰队第一游击队在前、主队在后,列成纵队;北洋舰队各舰则列成不便于机动和发扬火力的雁行阵（横队）:"定远""镇远"居中,"靖远""致远""广甲""济远"为左翼,"来远""经远""超勇""扬威"为右翼,"平远""广丙"及鱼雷艇二艘迤右翼后跟进（炮船"镇中""镇南"

丁汝昌

及鱼雷艇二艘因护送陆军登陆,未参战）。12 时 50 分,双方在大鹿岛（大洋河口外）西南接近至三海里开始战斗。

战斗开始时,"定远"发炮震塌飞桥,丁汝昌摔伤,随之信旗被毁,各舰失去指挥。日舰队一面以炮火突击北洋舰队右翼,一面横过北洋舰队阵前。继而第一游击队转向左后,主队转向右后,穿插包抄。北洋舰队队形顿乱,腹背受敌,"扬威""超勇"被击沉,"扬威"管带林履中、"超勇"管带黄建勋及两舰官兵战死。此时,"定远""靖远""致远""来远"和"经远"围攻日主队后尾之"比睿""赤城",将其击伤,并击毙"赤城"舰长坂元。伊东祐亨令第一游击队急援该两日舰。此时,

黄海海战

已受重伤且弹尽的"致远"正遇来援的"吉野"，管带邓世昌指挥已侧倾的"致远"舰向"吉野"猛冲，以求与敌同归于尽，不幸被日舰击沉，邓世昌及全舰官兵250余人壮烈殉国。"经远"继续迎战"吉野"，管带林永升、大副陈策等阵亡，随之舰亦被击沉。"来远"在围攻"比睿""赤城"时被击，弹药舱爆炸，机舱浓烟充塞，三管轮张斌元俯身舱底操纵轮机，大副张哲溁、炮官谢葆璋指挥士兵将火扑灭，使舰得以保全。15时，日舰夹攻"定远""镇远"，"镇远"以及赶到战场的"平远"将"松岛"击成重伤。伊东被迫改"桥立"为旗舰。傍晚，日舰队撤出战斗。北洋舰队由"靖远"管带叶祖珪主动代为指挥，收队撤离。"济远""广甲"在战斗中先行撤逃。"广甲"于当日夜间在三山岛附近触礁，后被日舰击毁。八月二十四，清廷下令将"济远"管带方伯谦处决。

此战，日本联合舰队占有航速、中小口径速射火炮方面的优势，战术运用比较灵活，掌握了战场主动权。中国北洋海军提督丁汝昌及其顾问汉纳根（德国陆军军官）不谙海战，先是列出不利的阵形，后又中断了指挥，致使己方舰队在舰艇数量、大口径火炮和装甲等方面的优势未能发挥，始终没有摆脱被动局面，结果主要战舰损伤过半。

[二十四、旅顺之战]

中日甲午战争中，清军抗击日军进攻旅顺的作战。

清光绪二十年（1894）八月，日军攻占朝鲜平壤、控制黄海制海权后，积极准备向中国进攻。九月二十六日，在第 1 军向鸭绿江进攻的同时，陆军上将大山岩率领第 2 军 2.4 万余人，于辽东半岛的花园口开始登陆，企图夺取旅顺。登陆历时 12 天，未遇任何抵抗。十月初九，日军经皮子窝（今皮口）占金州（今金县）。负责旅顺、大连防务的清道员龚照玙逃往天津。次日，日军占大连，准备进攻旅顺。

旅顺口位于辽东半岛南端，背山面水，港阔水深；港内建有船坞、电报局，是清廷经营十多年的北洋海军基地。黄金山、老虎尾雄峙口门，筑有炮台 12 座，安炮 70 余门，驻有清军 8 营。在旅顺侧后依山凭险筑炮台 17 座，安炮近 80 门。时清廷判断鸭绿江是日军的主攻方向，原旅顺守军被调往鸭绿江防线，接防的多为新募之兵，各部之间互不统属；黄海海战之后，北洋海军主力已退避威海卫，故旅顺水陆防御力量均较薄弱。十月二十日，日军开始向旅顺发起进攻，次日控制咽喉要地南关岭，前锋进至土城子。这时，驻防旅顺清军统领黄仕林、赵怀业、卫汝成均已逃离，只有总兵徐邦道率部抵抗，给日军以一定打击，但因敌后队陆续涌至，徐部被迫退守旅顺。二十四日，日舰队佯攻港口，掩护陆军对旅顺

大连旅顺口

发起猛攻，徐邦道率部再次抗击，终因兵单势孤而败。二十五日，日军攻占旅顺制高点椅子山炮台，周围各炮台相继失守，清军纷纷溃散。日军占领旅顺并血洗全城。

［二十五、威海卫之战］

中日甲午战争中，清军在山东半岛抗击日军侵犯威海卫的作战。

进攻威海卫之日军在荣城登陆

清朝光绪二十年（1894）十月，日军侵占旅顺后，其大本营鉴于渤海湾行将封冻，遂组成 2.5 万余人的"山东作战军"，于十二月中陆续运抵大连，企图与海军相配合，进攻威海卫，歼灭北洋海军，以利尔后进攻直隶（约今河北）。清廷因对日军进犯方向判断有误，重兵集于盛京（今沈阳）和京、津一带，山东半岛防御薄弱。

威海卫位于山东半岛东北部，遥对旅顺口、大连，建有拱卫渤海门户的北洋海军基地。北洋海军各舰艇于旅顺失陷前即撤返威海港，尚有舰艇 28 艘；港区陆上筑有炮台 23 座，安炮 160 余门，守军 16 营；烟台、酒馆、荣成（今旧荣成）等处另有驻军 29 营。此时，慈禧起用恭亲王奕䜣，令其与直隶总督兼北洋大臣李鸿章共筹和议。当得知日军企图后，始作迎战准备，命驻威海将领以现有兵力部署防御。李鸿章令北洋舰队水陆相依，"有警时，丁提督应率舰出，傍台炮线内合击"；陆军"固守大小炮台，效死勿去"。

日军为避开从威海港正面进攻，决定在荣成登陆，由陆路抄袭威海卫之背。此时，慈禧仍派张荫桓赴日求和。北洋海军提督丁汝昌建议预作准备，在万不得已时炸毁南岸炮台，以免资敌；但阻于道员戴宗骞、刘超佩，未能实行。十二月二十三，日舰炮击登州（今蓬莱），实行佯动。其山东作战军则从大连乘 25 艘舰船，于二十五日在荣成湾龙须岛登陆。荣成仅有清军 4 营，稍事抗击后即不支而退。二十七、二十八日，清廷接连命令北洋海军乘间出击，断敌退路，但北洋海军未出击。二十八日，日联合舰队司令长官伊东祐亨致劝降书与丁汝昌，遭丁拒绝。

三十日，日军分南北两路扑向
南岸炮台。二十一年正月初一，
总兵孙万龄率部 2000 余人于桥
头抗击，阻滞南路日军；但因
北路阻击不力，日军迅速进至
鲍家村、崮山后一带，南岸炮
台受到严重威胁。初三，山东
巡抚李秉衡命孙万龄部及戴宗

北洋舰队威海卫基地

骞所部北岸炮台守军夹击北路日军，但戴部违令不进，孙部孤军力战，后退守桥头。
随后，南路日军占桥头，逼温泉，于初五晨同北路日军夹攻南岸炮台。守军英勇
抵抗，丁汝昌率"靖远""镇南""镇北""镇西""镇边"等舰抵南岸，以舰
炮火力支援守军。日军死伤甚众，少将旅团长大寺安纯被击毙。战至中午，南岸
炮台失守。随后，日军采取迂回战术，于正月初七向威海卫西部清军孙万龄部进
攻。孙率部抵抗，后因部将阎得胜临阵脱逃，孙部被迫撤至酒馆，日军遂占威海卫。
是夜，丁汝昌督敢死队毁北岸炮台。初八凌晨，日军占北岸炮台。至此，坐困威
海港的北洋海军已被日军海陆包围。从初十开始，南岸炮台的日军及联合舰队，
连续炮击北洋舰队，并用鱼雷艇于夜间突入港内袭击，"定远""来远""靖远""威
远""宝筏"及鱼雷艇两艘被击沉、击毁。十三日，北洋海军鱼雷艇 10 艘自行从
北口突围，1 艘撞毁，余 9 艘的官兵弃艇逃走，艇均被掠。洋员美国人马格禄（即 J. 麦
克卢尔）等劝丁汝昌投降，丁严正拒绝，表示要战至船殁人尽而后已。右翼总兵"定
远"管带刘步蟾见大势已去，服毒自尽。十七日，丁汝昌见外援已绝，突围无望，
也服毒自尽。马格禄等又怂恿威海营务处候补道员牛昶昞，于十八日假丁汝昌名
义致书请降。二十日，牛昶昞与伊东祐亨在日"松岛"舰上签署降约，中国在威
海的所有军舰、炮台及军事装备等，全部交给日军。

[二十六、台湾军民抗日战争]

清朝光绪二十一年（1895），中国台湾军民抗击日军割占台湾的作战。

二十一年三月，清军在中日甲午战争中战败，清廷同日本政府签订《马关条约》，将台湾及澎湖列岛割让日本。消息传出，举国激愤，反对割让台湾，主张继续抗战。四月底，台湾士绅以全台居民名义，掀起保台活动。但清廷无视民意，仍令署台湾巡抚唐景崧等官员内渡，并派员与日方办理割让手续。五月，日军侵占基隆、台北、淡水等地，并于台北成立以海军军令部长桦山资纪为首

刘永福

的日"台湾总督府"。台湾北部沦陷后，台南绅民公推刘永福领导抗战。刘永福时为帮办台湾军务，受台民重托后，周密部署台中、台南战守，以黑旗军等清军2万余人，守旗后（今高雄）至台南一带海口及内陆要地；以各地自动组织起来的抗日义军及清军一部，守大湖口（今湖口）、新竹、苗栗一带，抗击日军南侵。

五月下旬，日军3100多人，分东西两路南犯大湖口、新竹。新竹、苗栗义军首领吴汤兴、徐骧、姜绍祖等率部顽强抵抗后撤离新竹。闰五月十七夜，义军分三路反攻，因消息走漏，未能成功，姜绍祖被俘自杀。义军退守台中尖笔山。不久，日军攻占尖笔山、苗栗，渡大甲溪南侵，黑旗军乘其不备，突起猛击；日军败退北岸，又遭徐骧伏兵截击，落水溺死者甚众；七月初四，日军主力过大甲溪，义军退守彰化。初八，日军攻彰化东侧的八卦山，各路义军3600多人同敌展开激战，吴汤兴英勇战死，八卦山失陷。日军继占领彰化、云林、斗南、大莆林（今大林），直逼嘉义。七、八月之交，刘永福曾组织反攻，收复了部分失地，并围攻彰化，但因清廷封锁台湾，断绝粮饷，致使义军久攻不下，且伤亡日增，处境更加艰难。

八月中，日本援兵抵台，组成"南进军司令部"，以4万兵力分三路进攻台南：一自彰化经嘉义向台南，一在嘉义西侧布袋咀登陆沿海南趋，一在枋寮登陆北向。彰化日军分三股南侵，均遇义军顽强抗击，近卫旅团长山根信成少将和师团长北

白川能久亲王相继毙命。二十一日，日军陷嘉义，义军节节阻击，徐骧在曾文溪激战中壮烈牺牲。九月下旬，布袋咀、枋寮日军，南北夹攻台南，城中粮弹告罄，守军溃散。刘永福见大势已去，内渡厦门。十月初四，日军入台南。中旬，日方宣告占领全台。

此战历时五月余，毙敌4800人，伤2.7万人。之后，台湾人民的抗日斗争从未停止过，显示了崇高的爱国主义精神。

法国画家笔下的黑旗军士兵

［二十七、大沽、天津之战］

清光绪二十六年（1900），清军及义和团在大沽、天津抗击八国联军入侵的作战。

二十六年夏，义和团反帝爱国运动在中国北方迅猛发展。英、法、德、美、俄、日、意、奥等帝国主义列强纷纷调兵前来中国。五月上旬，各国军舰20多艘集结大沽口外，对清政府施加压力，并伺机侵占炮台，扩大侵华战争。

大沽口位于海河入海口处，为天津门户，两岸建有4座炮台，装备各型火炮近180门，由清军2000余人驻守。五月十九，联军900多人在塘沽登岸，炮舰10艘驶入海河，对炮台形成水陆夹击之势。二十日，联军以清军在海河口布雷为词，通牒天津镇总兵罗荣光，限二十一日2时交出炮台，遭罗拒绝。二十一日零时50分，联军即炮击炮台，清军发炮还击，激战6小时，伤敌舰6艘，毙伤敌200多人，终因后援不继，炮台先后失陷。联军夺占炮台后，迅速向天津租界增兵，并积极准备进犯天津城。

联军攻陷大沽口后，天津义和团和清军不断袭击

聂士成

老龙头火车站及紫竹林租界内的侵略军，并拆毁铁路、电线，断其对外联系。二十五日，清廷对各国宣战。六月上旬，驻津清军增至2.5万人。直隶总督裕禄

大沽口炮台

同义和团首领商订部署，从三个方向对租界内侵略军发起进攻：提督马玉昆率武卫左军会同义和团曹福田部，自北面进攻租界，在东机器局重创侵略军，并一度攻占了火车站；淮军、练军会同义和团张德成部，从西面一度

攻入租界；武卫前军统领聂士成率部进占跑马场、八里台、小营门炮台后，从南面直逼租界。十三日，侵略军自租界南面出击，聂士成率部同敌在八里台激战，壮烈殉国。时清廷任命李鸿章为直隶总督兼北洋大臣，准备议和。十四日，帮办北洋军务大臣宋庆到津，开始屠杀义和团，战局急转直下。十七日凌晨，侵略军7000多人自租界分两路进攻天津城，裕禄、宋庆及马玉昆率2万多清军弃城撤往杨村、北仓。十八日，天津城陷，北京受到直接威胁。

[二十八、东北军民抗击沙俄入侵之战]

清光绪二十六年（1900），中国东北军民抗击沙俄入侵黑龙江、吉林、盛京（今辽宁）三地区的作战。

二十六年夏，沙俄一面参加八国联军入侵中国山海关内，一面策划单独进攻中国东北。六月，沙皇尼古拉二世自任俄军总司令，以国防部长兼陆军大臣A.H.库罗帕特金为总参谋长，征调13.5万余官兵，编成四个军，在中国东北周围集结，准备从瑷珲、呼伦、旅顺、珲春、双城子、伯力等方向，对我实施多路进攻，企图夺占重要城镇，控制全东北。当时清廷京畿危急，对沙俄入侵东北持妥协求和

方针；东北全境兵力仅 9 万余人，三地区的主官又和战分歧，不能统一部署，一致抗敌。

六月十九和二十九日，俄军分别从瑷珲和呼伦入侵。由于署黑龙江将军寿山主战，事先有所部署，两路清军分别在瑷珲、北大岭山口，和呼伦、雅克岭等地顽强抗击，终因寡不敌众，且战且退。八月初，北路俄军逼近齐齐哈尔，寿山自杀，城遂陷。

集结在伯力的俄军，乘船溯松花江而上，于六月二十二占领拉哈苏苏（今同江），七月初五侵占哈尔滨。集结在双城子和克拉斯基诺的俄军，分两路入侵：一路于七月初五攻陷珲春，另一路于八月初五占领宁古塔（今黑龙江宁安县），吉林将军长顺开门揖敌，俄军于八月二十九占领吉林城。

由旅顺进攻奉天（今沈阳）的俄军，于六月二十九沿中东铁路北上，主张抗战的盛京副都统晋昌于七月十五抵海城，阻击俄军。但盛京将军增祺畏敌怯战，晋昌孤军难支，退守辽阳。俄军于闰八月初八占领奉天；十一日占领锦州，切断了关内外联系。十三日，各路俄军在铁岭会合。至此，东北三地区各要地均为俄军控制。

俄军入侵东北后，大肆烧杀抢掠，各地义勇纷起抗敌。十二月中，各抗俄队伍 2 万余人合编为忠义军 40 营，由刘永和领导，采用灵活战术，在通化、海龙

沈阳城市一角

一带继续抗俄。沙俄因慑于东北人民的反抗和各国干涉，于二十八年三月，同清廷签订《中俄收交东三省条约》，趁机攫取许多特权。

[二十九、黄花岗起义]

清宣统三年（1911）中国同盟会在广州发动的一次著名武装起义。

同盟会成立后，曾发动过多次武装起义，结果均遭失败。宣统二年冬，孙中山在槟榔屿（今属马来西亚）召集会议，决定在广州再次举义。会后，孙中山派人分赴海外筹款购械，着手组织"选锋队"（敢死队）；在香港成立统筹部，由黄兴、赵声任正副部长；在广州建立秘密据点，策动新军、防营和会党，积极准备起义。三年三月二十五，黄兴潜入广州，建立起义指挥部，最后确定于三月二十九举义。起义队伍计划分作四路：黄兴自率一路攻打总督署，姚雨平率一路攻小北门，陈炯明率一路攻巡警教练所，胡

黄花岗七十二烈士墓

毅生率一路守大南门。当日下午5时半，黄兴率120余人进攻总督署，击毙卫队多人后直冲大堂，时两广总督张鸣岐已逃走，遂纵火焚署，率队出东辕门，与水师提督李准的卫队遭遇，经激战，牺牲多人，黄兴手受枪伤，立将队伍分为三部，分别前往配合其余三路作战。但此时胡毅生、陈炯明已逃出广州，姚雨平因未领

孙中山　　　　　　　黄兴

到枪械藏匿未出，实际上只有黄兴一路孤军奋战。当黄兴率部行至双门底，恰与由顺德前来参加举义的防营相遇，因其未戴标记，以致双方互射，结果队伍被冲散。黄兴避入民房，后易装潜往香港。其余二部均遭清军截击，经英勇战斗，大部牺牲，起义遂告失败。事后同盟会员潘达微购得红花岗荒地，埋葬七十二烈士的遗骸，后易名为黄花岗。这次起义史称黄花岗起义。

[三十、武昌起义]

进入宣统三年，革命的形势愈益成熟。

四月，清政府唯帝国主义之命是从，颁布铁路国有上谕，宣布各省商办干路一律收回，随即同英、德、法、美四国银行团签订了借款合同，将从中国人民手中夺得的权利拱手献给了帝国主义。此举立即引起全国人民的愤怒。与铁路国有直接相关的湖北、湖南、广东、四川等省人民强烈反对出卖路权，掀起了轰轰烈烈的保路运动。四川保路运动尤为波澜壮阔。至六月，重庆、郫县、江津、温江等地成立保路同志协会近70个，会员数十万人，成都召开数万人的保路大会，散发传单，号召罢市罢课、停纳捐税以示抗议。七月，保路风潮扩展为全省抗粮抗捐，群众暴动接连发生。四川总督赵尔丰在成都逮捕保路同志会和川路股东会的负责人，并枪杀请愿群众数十名，造成流血大惨

武昌起义军胸章

案。同盟会员龙鸣剑等和哥老会组成保路同志军进围成都，转战各地，攻城夺地，猛烈冲击清政府在四川的统治。

　　四川保路运动成为辛亥革命的导火线。运动的迅速发展，引起全国局势动荡，革命党人受到鼓舞，在各省积极准备起义。汉口革命党人主办的《大江报》发表社论，公开号召人民起来革命。在清政府全力应付四川保路运动的时候，湖北新军中的文学社和共进会等革命团体乘机发动武昌起义，揭开了辛亥革命轰轰烈烈的一幕。

武昌中和门

　　长期以来，武汉革命党人坚持了扎实细致的革命宣传和组织工作，在各界群众特别是新军中聚集了雄厚的革命力量。到起义前夕，驻武汉的15000多新军士兵中，已有6000人参加了文学社和共进会。宣统三年八月（1911年9月）下旬革命党人感到形势紧迫，召开文学社、共进会联席会议，决定于中秋节（10月6日）发动起义，后由于形势瞬息变化，起义推迟。八月十八（10月9日），在预定起义的那一天，共进会负责人孙武在汉口装配炸弹，不慎爆炸，湖广总督瑞澂下令闭城搜查，汉口和武昌的起义指挥机关遭到破坏，一些起义的领导人被捕、被杀或避匿。在这种情况下，新军各标营中革命士兵深感形势严重紧急，开始主动行动，起义终于爆发了。十九日晚7时左右，武昌城外塘角的辎重营和城内工程第八营几乎同时发动，各标营继起，经一夜苦战，二十日晨革命军占领总督署，全城光复，首义成功。汉阳、汉口也先后为革命军占领。二十日，起义士兵聚集到湖北咨议局，在咨议局议长汤化龙等人的参与下，宣布成立中华民国军政府鄂军都督府，即湖北军政府。革命党的领袖们未亲身参加起义，缺乏政治经验的起义士兵们对自己掌握政权没有信心，清湖北新军协统黎元洪在革命士兵的枪口逼迫下做了这个刚建立的湖北军政府的都督。军政府随即发布各种文电，宣布清政府对内专制独裁、对外出卖主权的罪行，号召各省揭竿而起，推翻清朝，建立民国。九月，湖北军政府公布《中华民国鄂州约法》。它是全国第一个按照资产阶级民主原则拟定

武昌城外的革命军炮队

的地方宪法。在中央革命政府成立前，这部约法具有国家根本法的性质，对起义各省军政府具有指导作用。这个时期的湖北军政府，虽受到立宪派和封建官僚的阻挠破坏，基本上是一个资产阶级共和制的省级政权。

[三十一、汉口、汉阳保卫战]

清宣统三年（1911）武昌起义后，革命军在汉口、汉阳抗击清军进攻的作战。

武昌起义胜利后，清廷急命陆军大臣荫昌率第 1 军、海军统制萨镇冰率舰队赶赴镇压。八月二十七（10 月 18 日），革命军为阻击南下清军，率先向盘踞于汉口刘家庙一带的清军发起进攻。时南下第 1 军的先头部队正赶到，由于路轨被拆毁，火车出轨倾覆，革命军乘势进击，于次日占领刘家庙。九月初五，第 1 军主力在舰炮支援下，越过三道桥向革命军进攻。革命军进行顽强抵抗后退守市区。时清廷命袁世凯为钦差大臣，接替荫昌；第 1 军总统冯国璋抵达汉口前线，指挥清军进攻市区。初七日，黄兴抵汉，即赴前线组织反击，与敌展开激烈巷战，给清军以重大杀伤。初九日，清军纵火焚烧民房，十里街区一片火海，革命军凭借断墙残壁节节阻击敌人。十二日，汉口失陷，革命军退守汉阳。

这时，清军正准备攻取汉阳。革命军战时总司令黄兴见湖南援军开到，兵力增至 1.3 万人，贸然决定反攻汉口。二十六日夜，革命军主力渡过汉水，分三路

向玉带门进攻，进抵王家墩、居仁门一带，遭到清军反击，被迫撤回汉阳。清军乘机发起进攻，以一个镇的兵力攻汉阳正面，另以一个混成协，分成甲、乙两支队，迂回翼侧。三十日，甲支队2000人由新沟渡过汉水，经蔡甸直逼三眼桥。十月初一，乙支队从舵落口渡河攻占琴断口。革命军凭借有利地形，在美娘、

战壕里的革命军

仙女诸山英勇抗击，与敌反复争夺。初六日，革命军退守十里铺。汉阳正面清军从硚口渡过汉水，侧击黑山，革命军腹背受敌。初七日，清军占领大别山（今龟山），进据汉阳。革命军退守武昌。汉口、汉阳保卫战持续40多天，给清军以重大打击，为各省响应武昌起义赢得了时间。